How to Pack for Travel

旅行が200％楽しくなる！
スーツケース収納術

空旅研究家
三田村蕗子

辰巳出版

CONTENTS

INTRODUCTION
パッキングの哲学7箇条

哲学その1	旅行シーンをイメージせよ	6
哲学その2	収納は技が命	8
哲学その3	空港で買うなら出国してから	10
哲学その4	迷ったらやめる	12
哲学その5	スーツケースはあなた自身	14
哲学その6	重いものは着ていけ	16
哲学その7	テクノロジーを侮るな	18

CHAPTER 1
旅の目的・日数別の収納術を学ぶ

1 国内旅行(2日〜3日) ……… 22
2 アジア週末旅行(3日〜4日) ……… 24
3 連休を活かした5日〜1週間旅行 ……… 26
4 大型連休を使った10日間旅行 ……… 28
5 めったにできない2週間旅行 ……… 30
6 ビーチリゾート ……… 32
7 都市の街歩き ……… 34
8 遺跡巡り ……… 36
9 砂漠の旅 ……… 38
10 サファリの旅 ……… 40
11 スキー旅行 ……… 42
12 南極旅行 ……… 44

CHAPTER 2
収納をもっと快適にする小技集

1 あると便利! 旅の七つ道具 ……… 48
2 収納に便利な小物類　機内&ホテル編 ……… 50
3 ラゲッジスケールは必需品!? ……… 52
4 お土産を収納するためのスペースづくり ……… 54
5 壊れ物のなるほど収納グッズ ……… 56
6 旅行に適した服、適さない服 ……… 58

7	100円ショップで旅行アイテムを厳選！	60
8	「MUJI TO GO」で買うべきアイテム	62
9	ワタシ的掘り出し物	64
10	ビーチサンダルのススメ	68
11	毎日の生活グッズが旅行用に変身！	70
12	スポーツ・アウトドアブランドに着目しよう	72
13	これは持っていっちゃダメ！	74
14	失敗から学ぼう	76
15	旅先での洗濯を考える	77

CHAPTER 3
スーツケースを賢く選ぶ

| 1 | 機能とオシャレ度、ブランド力からスーツケースを探してみよう | 80 |
| 2 | 目的別のスーツケースをズバリ教えます！ | 82 |

① プロテカ	82	⑦ ハイブリッドキャリー	94
② リモワ	85	⑧ フリクエンター	96
③ ルーベリカキャリー	86	⑨ ディパーチャー	98
④ エース リップルゼット	89	⑩ ZÜCA	100
⑤ ハント マイン	90	⑪ イーグルクリーク	102
⑥ イノベーター	92	⑫ Wフロントポケット	104

3	レンタルするか、買うべきか	106
4	究極の選択　ハードがいいのか、ソフトでいくのか	109
5	材質で決める	112
6	容量・日数で決める	114
7	フレームがいいのかファスナーでもいいのか	116
8	キャスターで決める　あなたは二輪派？　四輪派？	118
9	ターンテーブルで即キャッチ！　カスタマイズのすすめ	121
10	日常での扱いを考えて決める	124
11	キャリーバーは1本、それとも2本？	126
12	機内持ち込みサイズに要注意	128
13	気分が上がる！　可愛さでスーツケースを選ぶ	130
14	変わり種スーツケースはいかが？	132

CHAPTER 4
いざ収納！ 収納術を極めよう

1 内容物の重さを知る ... 136
2 靴問題を考える ... 138
3 減るモノ、増えるモノを考えよう ... 140
4 フタ側と底側、それぞれに適したモノがある！ ... 142
5 スーツケースの四隅を見逃すな ... 144
6 ソフトとリュックの収納の違いを知る ... 146
7 洋服類の収納メソッド ... 148
8 小物収納のメソッド ... 156

COLUMN　#1　収納上手は旅上手 ... 20
　　　　　#2　旅に石けんを持っていく ... 78
　　　　　#3　進化するスーツケース ... 134

付録1　そのまま使えるパッキングリスト ... 168
付録2　お役立ち店舗リスト ... 172

あとがき ... 174
取材協力一覧 ... 175

INTRODUCTION

パッキングの哲学
7箇条

旅の収納の達人になるには、まず哲学を知ることから。
ここでは、「パッキング哲学」を、わかりやすく7つにまとめて紹介します。
この7箇条さえ頭にインプットしておけば、もうパッキングで迷わない！

哲学 その1
旅行シーンをイメージせよ

　パッキングをする上で何よりもまず大切なのは、旅行シーンをイメージすること。スーツケースを用意したり、中に詰めるモノを揃える前に、自分がこれからどんな場所に出かけて、どんな旅を送りたいのかを考えて想像を膨らませましょう。

　想像の材料となるのは、以下の要素です。

> 詳しく挙げていくときりがないので、これぐらいの要素で十分。

1. 滞在日数
2. 現地で回る場所
3. 気候（気温・湿度・雨や風の可能性）
4. フォーマルな服装の有無
5. ホテルのランク

1の日数はスーツケースを選ぶには絶対必要な要素です。
2は都会か、地方か、ビーチか、僻地かといった分類でOK。

場所によって足元(靴)が変わってきます。

　3の気候は、持っていく服を選ぶときに大事な要素。例えば、湿度が高い場所だとホテルで洗濯した後に乾きやすい素材の服が望ましいし、雨風の確率が高い場所ならフード付きの服があると便利です。4がもし「有」ならそれなりの服と靴を持参しましょう。

　意外に忘れがちなのが5のホテルのランク。1泊1万円以上のホテルとそれ以下とではアメニティの内容が変わります。安いホテルだとシャンプーはついていてもコンディショナーがないことがほとんど。スリッパも用意されていません。髪がばさばさになってもいいやという人以外はミニタイプでいいからコンディショナーを、そしてスリッパの持参をおすすめします。
1～5を頭に浮かべて想像力を働かせ、わくわくしながら旅支度を進めましょう。

わくわく気分も
旅支度には
欠かせません

収納は技が命

哲学 その2

　スーツケースに荷物をコンパクトに詰めるため、人類はさまざまな技を考案しました。

　丸めてたたむ、重ねて入れる、圧縮袋を使う、小さいボトルに入れ替える等など。ネット上にはたくさんの収納術が氾濫しています。

　私もかつてはこの手の「技」を駆使していました。あれこれ使って、すっきり荷物をコンパクトに詰められたときの快感！「技こそ命」と夢中で作業を終え、いつも至福の達成感を味わっていました。

　しかしあるときまったく時間がなくて、ひとつの技だけで収納を済ませたところ、あら不思議。技を使いまくったときとなんら変わらぬ収納量を難なく達成することができたのです。

　しかも、パッキングにかかった時間は技を駆使して詰めていたの3分の2程度。いや、もっと短くなりました。

INTRODUCTION / パッキングの哲学7箇条

ストレスフリーの収納技を選びましょう

　見かけも悪くありません。スマートじゃん、すっきりしているじゃん、と自分を褒めたくなる仕上がりでした。

　そのとき気づいたのです。旅支度をするときに一番大事なのは「自分にとってストレスがない技を取捨選択すること」だと。パッキングに悪戦苦闘し、技に走って翻弄され、旅行の前に疲れてしまっては本末転倒。何の意味もありません。

　技を駆使することは大事ですが、技が目的になってはダメ。自分が気軽にさくっと使いこなせる技で収納にのぞみましょう。

　「収納は技が命」ではありますが、このときの「技」とはあなたにとって楽ちんな技だと知ってください。どんな技がストレスフリーなのかは、CHAPTER4で詳しく解説していますので、ご覧ください。

空港で買うなら
出国してから

　お土産は頭の痛い問題です。

　パッキングや重量を考えたら買わないのが正解。何も考えずにすみますからね。

　でも、旅行の記念に多少のお土産は買っておきたいし、友人や家族にも何か持って帰りたい。しょっちゅう旅行している場所なら別ですが、めったに行けないような国、生涯再訪問はないであろう国であればなおさらです。

　「やっぱりお土産は買っておきたい」となれば、以下のように考えましょう。

> **本当に旅の記念になるようなモノを求めるなら空港に行く前に**

　一部例外もありますが、空港にはたいしたモノはあまり売っていません。個性派のお土産、長く使いたくなるようなお土産

がほしいなら空港をあてにしてはダメ。空港以外の場所で探しましょう。

> 「旅行に行ってきたよ」という報告を兼ねて周りに配る
> カジュアルなお土産も、できるだけ空港以外で

例えば町中のスーパーマーケット。空港よりも手頃な価格のお土産好適品が豊富に揃っています。

空港は最後の手段

お土産を買い忘れた！という場合には、仕方がないです。最後の最後、空港で探しましょう。ただし、出国手続きを済ませてから！ 出国前に買い込んでしまうとスーツケースに詰め込む作業が大変です。重量制限に引っかかる可能性もあります。

空港でスーツケースを再び開けて荷物を詰め直すなんて、想像するだけでうんざりします。だからそれは避ける。そして、出国してからプチプライスのお土産品を探します。制限エリア内での買い物はもう重量をチェックされることなくそのまま機内に持ち込めます。

ただし、この方法はある程度の規模の都市の空港でないと通用しません。制限エリア内にたいした店が出ていないという空港もあるので、その点はご注意を。

哲学 その4

迷ったら
やめる

「これは向こうで使えるかも」
「持っていったら現地で便利かも」
この発想はNGです。

　持参すべきか、踏みとどまるか。迷ったらそこでストップが正解です。スーツケースに入れかけた手を止めましょう。
　よほどの僻地なら別ですが、多くの場合、ほとんどのモノは現地で調達可能です。例えば日本食。大都市であれば現地でも手に入ります。東南アジアの都市なら100%確実です（個人的には「1週間ぐらいだったら日本食、我慢しろよ」と思います）。

　タオルや着替え類を余分に持っていこうとしたり、ホテルになかったら困ると考える人、ポットやカップ、ドライヤーまで持ち込む人は少なくないようですが、安いドミトリーやゲストハウスでなければ、ホテルには必要なモノは用意されています。

部屋になかった？　それはほぼほぼ従業員が揃えるのを忘れちゃったケース。フロントに言って持ってきてもらいましょう。

　持っていくべきかどうか迷うという時点で、それはあなたのスーツケースには必要ないモノなのです。本当に要るモノだったら絶対迷わない。毎日飲んでいる薬、南極クルーズ用の防寒ジャケット、ビーチリゾートで使うビーチサンダル。忘れたらアウトなモノは有無を言わさずスーツケースに入れているはず。

　「どうしよう」。そう思ったら持っていかない。スーツケースを重くするだけです。その分、お土産に充てましょう。

「もしも」「万が一」は収納のNGワード

スーツケースは
あなた自身

哲学 その5

　スーツケースはあなたの価値観を示す指標。
　大げさでしょうか？ でも、スーツケース選びはあなたが何を重視するかの価値観そのものだと思うのです。

　絶対軽いスーツケースがいいという軽量派なら、ウルトラライトなスーツケースを選ぶでしょう。高くてもいい、見た目がかっこよくて有名なブランドが一番というブランド派ならそうした自分の志向を満足させるブランドを選ぶはず。ポケットがたくさんついていて、便利に使えるスーツケースでなければダメという人なら、機能てんこ盛りのスーツケースに手が出てしまうに違いありません。
　世の中にはたくさんのスーツケースが出回っています。価格も機能も素材もさまざまで、あまりに多くのスーツケースを見てしまうと、いったい何を選んだらいいのか迷ってしまいますが、ここで抑えるべきポイントは「あなたがスーツケースに一

本当にほしいのは
どんな機能?

番に求める要素は何か」です。

軽さなのか、容量なのか、デザイン性なのか、機能なのか、世間一般の認知度なのか。

すべての条件を満たそうとすれば価格が高くなるのは部屋探しと同じ。でも、ちょっと条件を絞り込めば、手頃な値段のスーツケースが見つかるのです。自分にとっての優先事項、大事な条件を考えて、スーツケースを選びましょう。

私はいろいろな国に出かけ、スーツケース売り場を見てきましたが、正直、これだけクオリティが高くてお手頃価格の製品が揃っているのは日本だけ。この国はスーツケース天国です。だからこそなおさら条件を絞り込むことが大事。自分にとって大事な「価値」を見極めてください。

哲学 その6

重いものは着ていけ

　スーツケースの重量を抑えコンパクトに収納するためには、重たいモノやかさばるモノを避けるのが効果的。もしそれが洋服や靴であったならその服装で出かけましょう。

　デニム、ローゲージのニット、ダウンジャケット、ブーツ。冬服なら、こうしたアイテムはスーツケースに入れるのではなく、自ら着用して旅立つのです。

　デニムというのは非常にやっかいなシロモノで、重いわ、かさばるわ、洗濯してもなかなか乾かないわ、濡れたら体熱を奪うわで、あまり旅行向きとはいえないアイテムですが、ファッションとして絶対に持っていきたい、旅先でも履きたいという人は着ていきましょう。それが一番です。私も履いて旅立っています。

　南半球など、夏の日本から寒冷地へと旅行に出かける場合にはどうするか。

ジャケットを着ていくのはやっかいですよね。家から着込んでいくといくらなんでも暑すぎます。
　私の答えは、着用はしないけれど持っていく。スーツケースには絶対に入れず、手にかけて持って行きます。ブーツも着用し、薄めのセーターだったら着込んで空港に向かいます。
　というのは世界のどの空港も一般の家とは違い、夏着にも冬着でもそれなりに快適な空調管理がされているから。東南アジアの都市の場合、寒いぐらいエアコンが効いている空港の方が多いかもしれません。空港に行くと、Tシャツ1枚の人とダウンジャケットの人が混在していますよね。あれは、空港の空調管理がそれを可能にしているためです。
　冬服で空港に向かってもまったく問題ありません。ただ、ずっと手にかけているとうっとうしいので、空港に着いたらすぐに着てしまいましょう。
　旅の中で想定される一番重量があってかさばる格好で旅立つ。これでスーツケースはかなり軽くなります。

「荷物は軽く、体は重く」が原則です

哲学 その7

テクノロジーを侮るな

　医療やITは日進月歩の世界ですが、スーツケース業界も決して他人事ではありません。

　あなたがもし、「そんなに旅行なんて行かないし、スーツケースを買い替えるなんてもったいない」と思っているなら、それは大きな間違いです。

　先日、10年前に使っていたスーツケースを引っ張り出したら、その重さでひっくり返りそうになりました。

　いま使っているスーツケースの2倍ほどの重さ、というのは大げさだとしても、1.5倍の重さはゆうにありそう。当時としては軽いつもりで買ったのに、いま現在は超重量級の遺物に変わり果てていました。

　スーツケースは年々進化を遂げています。次々に新しい素材が開発され、その素材を活かす技術が生み出され、軽量化が著しく進んでいます。

機能性に乏しかったハードケースにもフロントポケット付きの製品が誕生するなど、使い勝手は増しています。可愛いだけじゃない格好良くて女っぷりが上がりそうなスーツケースも手に入るようになりました。

　また、スーツケースの重さを簡単に測れるラゲッジスケールなど荷物周りの便利なアイテムも生み出されています。洋服をコンパクトに収納できるサイズ違いのトラベルポーチもいまや一般的になりました。

　昔のモノを大事に使うのもいいけれど、旅に関していえば、私はテクノロジーを駆使したアイテムの推進派。3年、4年で確実により良いモノが登場してくるからです。

　パソコンやスマホのOSが古くなるとアプリの動作が重たくなるように、スーツケースが古びてしまうと旅の快適性が落ちてしまいます。エアラインや空港など、旅をめぐる航空環境の規制も変化していくので、スーツケースや旅グッズも変化に合わせた方がいい。

　テクノロジーに走る必要はありませんが、テクノロジーを侮らず適材適所で取り入れた方が楽しい旅を送れると思うのです。

時代の変化に乗り遅れないオンナでいましょう

COLUMN #1

収納上手は旅上手
収納で旅の楽しみ度が上がる

　私は大真面目に、海外旅行は世界平和の第一歩だと考えているので、もっともっと多くの人に旅行に行ってもらいたいと思っています。でも、荷物を詰めたり、戻ってきてからほどいたりの手間がおっくうだから旅は面倒くさいという人は少なくないようです。

　だったら、旅支度は思いっきり楽にしてしまいましょう。

　例えば、パッキングオーガナイザーに入る量しか持っていかないとか、旅用のこまごました小物はいつもスーツケースに入れておくとか、自分にとって負担にならない詰め方や楽にできるパターンさえ見つけてしまえば気分は一気に軽くなる。思い立ったらすぐ旅立つことも可能になります。

　収納の手間を省く方法を見つけるために、自分がわくわくする器（スーツケース）を選び、収納を便利にする道具の力を借りましょう。

CHAPTER 1

旅の目的・日数別の
収納術を学ぶ

旅の目的地や日数で収納の中身はどう変わる!?
それぞれの必須アイテムを紹介します。

国内旅行
（2日〜3日）

　この章では、旅の種類別に道中が楽しく快適になるアイテムを紹介していきます。パスポートやクレジットカード、着替え類などはどんな旅行でも持っていって当然なので、一部の旅行以外ではあえてふれずに、その旅行だからこそ必要と思われるアイテムをピックアップしてみました。

　最初は、国内旅行。2日〜3日の国内旅行ほどパッキングがカンタンな旅行はありません。どこに行っても言葉が通じて、コンビニもスーパーもある。100円ショップだってある。いえ、地方ほど巨大な100円ショップがあるものです。
　なので、スーツケースに詰める荷物は本当に必要最小限で済みます。いえ、最小限で済ませましょう。
　スーツケースはロッカーに入るサイズを選ぶと楽です。なぜか。日本のホテルや旅館は、チェックインタイムの前には部屋に入れてくれない融通が効かないところがほとんど。早くに目的地に着くと、午後2時や3時のチェックインタイムまでスー

> - ☑ **300円のロッカーに入るサイズのスーツケース**
> - ☑ **スパバッグ**
> - ☑ **歩きやすい靴**
> - ☑ **傘**
> - ☑ **ポケッタブルなレインコート もしくはフード付きパーカー**

必須アイテムをチェック！

ツケースを持ったまま動かなくてはなりません。

でも、ロッカーに入れられるサイズであれば、スーツケースを駅のロッカーに入れて、小さなバッグやリュックだけで歩き回れる。これは大きい。時間を有効に使えます。

大きなスーツケースだと、ロッカーに空きがないことが多いし、料金も高いです。ぜひ、300円の標準的なロッカーに入るタイプを選びましょう。温泉目的の国内旅行の場合であれば、スパバッグのご用意をお忘れなく。水切れがよく、濡れてもOKなバッグにシャンプーやコンディショナー、クレンジング、洗顔料、ボディタオル、石けんなど、自分のお気に入りのヘア＆フェイス＆ボディケアグッズを詰めて出かけると、温泉タイムの充実度が高まります。

もうひとつ。日本は雨が多い国です。1日中しとしと降り続ける日も珍しくありません。雨に備えて傘やポケッタブルなレインコート、もしくはフード付きパーカーを持参しましょう。

アジア週末旅行
（3日〜4日）

　ここでは、日本人女性に人気の旅行先であるソウル、台北、香港、バンコク、シンガポール、ホーチミンを想定して、必要な荷物を考えてみました。

　これらの都市の共通点は、コンビニが充実していること。町のいたるところにコンビニがあるので、ヘアケア製品、コスメ、ティッシュ、ノートや筆記具など生活必需品の調達には困りません。コンビニだけでなく、スーパー、百貨店、ショッピングモールも充実していますから忘れ物をしてもほとんど困らない。つまり、荷物は必要最小限で済むということです。スーツケースも、できれば機内持ち込みサイズだけにして、身軽に旅立ちましょう。ターンテーブルで荷物を待つ必要もないし、チェックインも簡単です。

　中に詰める荷物の中で、ぜひとも日本から持っていった方がいいアイテムを挙げてみましょう。例えば、雨が多い台北であれば、傘やレインコート、フード付きパーカーはあった方がいいし、バンコクやシンガポール、ホーチミンのような暑い

都市であればビーチサンダルや水着を使う機会が多くなる。虫が多いので虫よけスプレーもできれば日本から持っていきたいし、日本のようにおしぼりが出てこない店が大半なのでウエットティッシュもあった方がいい。

　これらのモノは現地でも探せば手に入ります。ただ、できれば手元に置いておいて必要なときにすぐ使いたい。例えば、屋外レストランに行ったら蚊が多くて大変、という場面ではすぐに虫除けスプレーを取り出して、シュッとしたいですよね。だから日本から持っていった方が正解なのです。

　ちなみに私はバンコクと東京を行ったり来たりの生活をしていますが、バンコクではハッカ油のスプレーを持ち歩き、今日は屋外のレストランに行くというときには「おでかけカトリス」を持ち歩いています。前者は蚊に刺されたときの応急措置にも使えるし、気分転換にもなるし、臭い消しとしても効果がある。万人にオススメできる万能スプレーです。

必須アイテムをチェック！

- ☑ **機内持ち込みサイズのスーツケース**
- ☑ **水着**
- ☑ **ビーチサンダル**
- ☑ **虫よけスプレーもしくは「おでかけカトリス」のような携帯用蚊取り**
- ☑ **ハッカ油**
- ☑ **ウエットティッシュ**

連休を活かした 5日〜1週間旅行

　連休があると旅行に行きたくなります。3連休の前後をお休みにして5日間、お盆やお正月の休みを生かして1週間。これだけの時間を確保できれば、がんばってヨーロッパに行く人もいるでしょう。

　5日〜1週間の旅行の場合、機内持ち込みサイズのスーツケースで済ませる人は少数派だと思います。おそらく、55〜75リットルの容量を選ぶ人がほとんどのはず。これだけの容量があるとかなりたっぷりとモノが詰められますが、その中で忘れてはいけないモノを挙げていくと、まずは機内で履く着圧ソックスです。

　アジアはともかく、ヨーロッパに行く場合、フライト時間が

- ☑ 55〜75リットルの容量のスーツケース
- ☑ 着圧ソックス
- ☑ フットレスト
- ☑ ネックピロー
- ☑ マッサージオイル
- ☑ ハンドクリーム

必須アイテムをチェック！

長くなるので、むくみ対策として着圧ソックスを用意したい。これ、履いているのといないのでは足の疲れ具合が違うのです。足をとにかく疲れさせたくないという人はフットレストもおすすめ。前のテーブルに引っ掛けて、ベルトを調節して、フットレストに足をかけるとむくみが軽減します。コンパクトにまとまるのでさして荷物になりません。

ネックピローも忘れずに。164ページで紹介している「タートルピロー」は使ってびっくりのスグレモノです。

旅行の日数が長くなると大事だなと思うのが足元のケア。靴は疲れにくく歩きやすいモノを選びたいし、ホテルに戻ったら足のマッサージも欠かせません。小容量のマッサージオイルを用意すると、髪や手足のケアにも使えます。

それから乾燥がひどいヨーロッパの国に行くときには、私は日本の強力なハンドクリームを必ず持ち込みます。現地でも買って試してみましたが、乾燥した日本人の肌には尿素を配合した日本のハンドクリームの方が効く。小容量タイプを持参しましょう。

大型連休を使った 10日間旅行

　2019年のゴールデンウイークは10連休。10日の旅行となると、やはりふだんはなかなか行けない場所に行きたい。ということでヨーロッパやアメリカ、オーストラリアなどへの旅行計画を立てている方が多いのではないでしょうか。

　10日間の旅行であれば、80〜90リットル近い容量のスーツケースが適量とされています。パッキングや荷物の絞り込み次第で70リットル以内で済ませることもじゅうぶん可能ですが、お土産をたっぷり買うことを想定しているならやはりこのサイズが必要かも。

　その中に詰めておくモノとして強調したいのが洗濯用品です。2泊、3泊なら洗わずにそのまま持ち帰ることもできますが、10日分の下着を洗わずに持ち帰るのはつらいし、そもそも非衛生的です。

　現地でのお洗濯は必須だと考えて、洗濯用品を忘れずに詰め込みましょう。海外は硬水のところが多いので、硬水にあった洗剤、洗濯用のロープやハンガー、そして折りたたみタイプの

手桶を用意すると洗うときに便利です（77ページ参照）。

　洗濯をすると必ず手が荒れてしまうので、ハンドクリームや絆創膏なども必須。薬類もちゃんと用意しておきます。

　もうひとつ、忘れてはならないのが爪切りや爪やすり、耳かきや綿棒類です。人間の爪は1週間もすると伸びてきます。伸びるとなんだか気持ちが悪い。爪の手入れはふだん使い慣れているグッズで行うのが一番です。家から、爪のケア、耳のケアのための道具を持参しましょう。

　ヘアケア用品もぜひスーツケースに詰め込んで。水が変わると髪がパサパサになります。お気に入りのヘアオイルやコンディショナー、ヘアパックを持ち込んで、旅先でもつやつやヘアを維持してください。

必須アイテムをチェック！

- ☑ 容量70リットル以上のスーツケース
- ☑ 洗濯用品
  （洗剤、ロープ、ハンガー、折り畳みタイプの手桶）
- ☑ ハンドクリーム
- ☑ 薬（絆創膏、軟膏、胃薬、頭痛薬、整腸剤など）
- ☑ 爪ケア用品（爪切り、爪やすりなど）
- ☑ 耳ケア用品（耳かき、綿棒）
- ☑ ヘアケア用品（コンディショナー、ヘアオイル、ヘアパックなど）

めったにできない
2週間旅行

　2週間の旅行で必要なスーツケースはやはり80リットル以上でしょうか。小さなスーツケースで旅立つ人もいるとは思うので、ここは個々の価値観によって差が出そうですが、持っていくべきものは共通です。

　まず、4の「10日間の旅行」の項目であげた必須アイテムは網羅しましょう。それ以外には何が必要になってくるのか。私の経験上、長く旅行をすると食事にバリエーションをつけたくなります。レストランで食べるのに飽きてきて、ホテルで手軽にちゃっちゃと済ませたくなる日も出てきます。

　そこで、部屋で惣菜や果物、スイーツなどを食べることを想定して、カトラリー類を用意しましょう。48ページで紹介している「旅の七つ道具」でも紹介していますが、プラスチック製のスプーンやフォークがあると便利です。

　本も用意したいモノのひとつ。2週間の旅行の場合、移動の時間や待ち時間がそれなりにあるもの。本は時間つぶしには最適です。私はKindleを必ず持っていきますが、加えて文庫本

- ☑ 80リットル以上のスーツケース
- ☑ 10日間旅行の必須アイテム
- ☑ プラスチックのカトラリー
- ☑ Kindle＋文庫本
- ☑ マスク　☑ 入浴剤
- ☑ 粉末のポカリスエット

必須アイテムをチェック！

も詰め込みます。飛行機が離着陸する前の20分〜30分間はデジタル機器が使えません。そのときにはすかさず文庫本を取り出しましょう。退屈しません。

　体調が崩れがちになるので、マスクも必須。飛行機の中、バスの中、ホテルの部屋。いろいろな場面で使えます。マスクは日本製が最高です。安くてクオリティが高くてコスパが良い。海外ではけっこう高いです。日本からぜひ持参を！　余分に持っていきましょう。

　ついでにいうと、粉末のポカリスエットもおすすめしたい。スポーツドリンクは海外では意外に手に入りにくいのです。粉末タイプがあれば水を買って混ぜるだけ。風邪を引いたときやちょっと疲れたときに役立ちます。

　バスタブのあるホテルに泊まるのなら入浴剤を持っていくのもリラックスできる方法です。好みのタイプをチョイスしましょう。

ビーチリゾート

　石垣島でもプーケットでもフィジーでも、海のきれいなビーチリゾートに行くなら、水着関連のグッズが必要なのは言うまでもありません。

　水着を忘れてしまってはビーチに行く意味がゼロ。仮にがんがん泳がないにしても、水着は必須。強い日差しを考慮したアイテムも必要です。必要なモノをつつがなく揃えてビーチタイムを満喫しましょう。

　具体的には水着の上に着るラッシュガード、サングラス、帽子、ビーチバッグ、ビーチサンダル、日焼け止め。タオルは通常、私は持っていきませんが、ビーチリゾートは別。フェイスタオルでいいので1枚はあった方が便利です。

　ウエットティッシュもひとつ用意しておくと重宝します。砂でざらざらになりがちの体やテーブルやイス。気になったらウエットティッシュでさっさと拭いてしまいましょう。ビーチに長くいると髪も傷んでくるのでヘアケアアイテムもスーツケースに入れます。

> 必須アイテムを
> チェック！

- ✅ 水着・ラッシュガード
- ✅ サングラス　✅ 帽子・タオル
- ✅ レストラン用ドレス
- ✅ ビーチバッグ・ビーチサンダル
- ✅ 日焼け止め
- ✅ ウエットティッシュ
- ✅ ヘアケア用品（コンディショナー、ヘアオイル、ヘアパックなど）
- ✅ スマホ用防水ケース
- ✅ デオドラントシート
- ✅ 虫よけスプレーや携帯用蚊よけ

　忘れてはいけないのがスマホを入れる防水ケース。しっかりと水を防ぐ防水ケースを選んで、スマホを自ら守らなくては。虫よけスプレーや携帯用防虫剤も必須アイテム。ビーチリゾートは当然暑い場所なので、虫に遭遇する確率が高いのです。

　汗をかくのでデオドラントシートも持っていきたい。刺激が強い方が好みの方はメンズタイプの中から選んでみて。ニオイが消えて気分もしゃきっとします。

　昼の時間をビーチで過ごすと、夜にはオシャレなスタイルで食事に出かけたくなるのがビーチリゾートの不思議。そういったレストランにふさわしい洋服も1枚は詰め込みたい。お気に入りを選んでディナータイムを充実させましょう。

都市の街歩き

　ただ目的もなく、街をぶらぶら散策する。これも旅行の楽しみです。適当に歩いて、疲れたらお茶を飲み、興味がある店や美術館に入って豊かな時間を過ごす。書いているうちにまた行きたくなりました。

　街を歩くことが前提の旅行の場合、何をおいても欠かせないのが疲れにくい靴です。靴がつらいと死にますからね。足元の快適さは本当に大事。新調した靴ではなく、履き慣れていて、自分の足にフィットする靴を選んで旅立ちましょう。

　石畳が多い街を歩く場合には、スーツケースは背負える機能がついているタイプをおすすめしたい。凸凹のある道を引いて歩くと、キャスターが痛むし、そもそも進みづらいのです。その際は、ひょいと背中に背負えるとめちゃくちゃ楽。今回の旅は石畳が多そうだなと思ったら、キャスター付きのリュックを考えてみては。石畳をものともせずに闊歩できます。

　街を散策しているとノートと筆記具がほしくなるのは私だけでしょうか。なんとなくメモを取りたくなるんですね。気分だ

> 必須アイテムを
> チェック！

- ☑ 歩きやすい靴
- ☑ お気に入りのノートや筆記具

[石畳の街なら]
- ☑ 背負える機能付きのスーツケースもしくはキャスター付きのリュックサック
- ☑ 厚手のタイツ
- ☑ 乾燥対策ののど飴やのどケア商品、オイルミスト

[湿度の高い街なら]
- ☑ ウエットティッシュ
- ☑ デオドラントシート

> 無印良品の
> 「オイルミスト」

け詩人と化すのかもしれません。そういう人は好みのノートと筆記具を忘れずに。

　また、石畳が広がる街を歩くと冬場は足がかなり冷えます。寒さ対策は忘れずに行いたい。厚手のタイツが必須と心得ましょう。さらにバキバキに乾燥することは間違いないので、のど飴やのどケア商品も持参します。乾燥した肌にさっと使える無印良品の「オイルミスト」のようなオイルも推奨アイテムです。

　湿度の高い街ならば、ウエットティッシュ、デオドラントシートを用意しましょう。

遺跡巡り

　遺跡をめぐりながら旅をする。私の好きなパターンです。

　が、遺跡というのは往々にして辺鄙な場所にあります。コンビニなどは近くに望めません。「ないなら買ってしまえ」が通用しないのが遺跡の旅。

　そこで、雨が降ってきたときのために雨具は必ず用意します。ポケッタブルタイプのレインコートとトラベル用の傘など軽量の雨具を持参して、雨の遺跡に備えましょう。

　長袖のシャツかジャケットも持っていきたいアイテムです。というのは、暑い国の遺跡であれば日差しを避けるのに使えるし、そうでない国の遺跡の場合、朝と昼間、昼間と夕方とでは気温差があるところが多いから。はおれる服が1枚あると、臨機応変に使えます。

　遺跡は足元が悪いことが多いので、街歩きのとき同様、足が疲れない靴を選ぶことも大事です。場所によって適切な靴の種類は違いますが、私の場合、暑い場所ならサンダルを、寒い場所ならスニーカーで遺跡巡りを楽しんでいます。サンダルといっ

ても歩きやすいスポーツサンダル。テバやキーン、ビルケンシュトックのような足をしっかりホールドしてくれるサンダルを選ぶと足が疲れません。

　段差があったり、急な階段をのぼったりと、何かと手をつくことが多いのも遺跡めぐりの特徴です。手袋を持っていき、手をしっかりと守りましょう。手袋は上等なものではなくて全然OK。軍手でもいいぐらい。

　ただ、アウトドアブランドには多彩な機能の手袋が揃っています。モンベルだったら、タッチパネル可能、防水、防風、防滴など用途に応じた手袋がずらり。自分が行く遺跡に応じた手袋を持参すると遺跡めぐりがより快適になりそう。

　日差しを遮る建物がないことも多いので、暑い季節にはサングラスも必需品。楽しく遺跡を回りましょう。遺跡によっては小型懐中電灯もあった方がベターです。

必須アイテムをチェック！

- ✅ **雨具（ポケッタブルレインコート、トラベル用傘）**
- ✅ **長袖のシャツ**
- ✅ **歩きやすい靴（スポーツサンダルやスニーカー）**
- ✅ **手袋**
- ✅ **サングラス**
- ✅ **ウエットティッシュ**
- ✅ **小型懐中電灯**

砂漠の旅

　砂漠は気候が強烈なだけに、それなりの準備が必要です。まず女性に絶対欠かせないのが強力な日焼け止め。並の日焼け止めでは太刀打ち出来ないので、パワフルなヤツを調達しましょう。

　私が持っていったのは資生堂の「アネッサ」の日焼け止め。噂の圧倒的な効果は本当でした。「アネッサ」をこまめに塗り直しつつ、ナミビアの砂漠を3時間ほどかけて登りましたが、効果てきめん。砂漠焼けせずにすみました。ちなみに、耳なし芳一ではないですが、塗り忘れた首の後ろは赤く焼けてその後、大変でした。露出している場所はくまなく塗るのが鉄則です。

　「アネッサ」はクック諸島に行ったときにも使いましたが、やはり効果は高かった。海にも砂漠にも有効な日焼け止めだと思います。

　ただし塗ったらメイクはしない。砂漠を進むと顔は汗だくになるので、日焼け止めはすぐ落ちる。化粧はあきらめ、日焼け止めだけで砂漠に登る。それが正しい利用方法です。

その他の必需品を挙げるなら、サングラス。ないと危険なレベルです。それから帽子。砂漠地帯は湿度20％前後というド乾燥ぶりなので、夜寝るとき用のマスク、のどを潤すのど飴、保湿クリームも必須です。保湿クリームは顔にも体にもつけられるタイプを選びましょう。

　スマホやカメラを入れる防水型の透明ケースも持参したい。砂漠の砂は本当に細かくて、精密機器の内部に土足でずけずけ入り込みます。ナミビアの砂漠では私のカメラもやられました。ケースで保護した上で砂漠の美しい姿を撮影しましょう。

　耳の中に入った砂用として綿棒もあった方がいい。体やカメラ、スマホはウエットティッシュできれいにしましょう。携帯用ウォシュレットもオススメ。快適です。

必須アイテムをチェック！

- ☑ 超強力な日焼け止め
- ☑ サングラス　☑ 帽子
- ☑ マスク　☑ のど飴
- ☑ 保湿クリーム　☑ 綿棒
- ☑ スマホやカメラ用の透明保護ケース
- ☑ ウエットティッシュ
- ☑ 虫除けスプレーもしくは携帯用の防虫剤
- ☑ 粉末ポカリスエット
- ☑ 携帯用ウォシュレット

サファリの旅

　海外で野生動物を見る機会なんてそうそうは訪れません。その機会を得ることができたのなら、声を大にして携帯をおすすめしたいのが一眼レフカメラです。

　いかにスマホのカメラ機能が向上しようとも、サファリで動物を撮るにはまったく不向き。ズームレンズ付きの一眼レフカメラでないとぜーったいに後悔します。実は私がそうでした。

　動物の姿をおさめる瞬間を見逃してはダメ。もし持っていないなら、ここは投資して一眼レフカメラを購入すべきです。双眼鏡もあると楽しい。サファリを満喫するなら、必要経費と心得ましょう。絶対にその価値はあります。私も投資しておくべ

> 必須アイテムをチェック！

- ☑ 一眼レフカメラ
- ☑ 双眼鏡
- ☑ 日焼け止め
- ☑ 帽子
- ☑ 綿棒
- ☑ 虫よけスプレー＆虫刺され用の薬
- ☑ マスク
- ☑ サングラス
- ☑ 携帯用ウォシュレット
- ☑ のど飴
- ☑ 保湿クリーム
- ☑ 保湿ボトル
- ☑ 防寒ジャケット
- ☑ ウエットティッシュ

きでした。

その他の必需品としては、砂漠への旅行とほぼ同じです。まず日焼け対策の日焼け止めや帽子。虫よけスプレーも必要だし、刺された後の虫刺されの薬もあった方がいい。

朝夕の気温差が激しいので、防寒対策も欠かせません。昼はむちゃくちゃ暑くても、夕方になると寒くなります。防寒対策になる上着を用意しましょう。

サファリツアーに出かけた後は絶対に体が細部にわたって砂っぽくなっているので、ウエットティッシュや綿棒も不可欠。砂をきれいにぬぐいます。

サファリならではの必需品といえるのが保温ボトル。朝、ホテルを出る前にコーヒーもしくは紅茶をボトルに詰めてサファリツアーに出かけましょう。日中は暑くなりすぎるので、サファリツアーは朝と夕方が定番。ところが朝夕は意外なほど冷えるのです。熱い飲み物があると生き返る。ホットなコーヒーか紅茶で体を温めましょう。

スキー旅行

　スキー板やブーツ、ストックなどのスキー＆スノボ道具、スノーブーツ、スキーウェア、ゴーグル、グローブをスキー旅行に持っていくのは当然だとして、それ以外に絶対必要なモノを挙げると、寒さ対策のネックウォーマーやイヤーマフ、帽子に手袋、厚手の靴下、防寒用の下着、ホッカイロ、サングラスでしょうか。防寒対策はぬかりなく行いましょう。インナーウエアは吸湿性・速乾性が高い化繊がおすすめです。

　最近は、クラバといって、ネックウォーマーとフェイスガードと目だし帽の三役を備えたマルチな防寒具もありますよね。温かくて速乾性とストレッチ性が高いタイプを買うと、小さく

> 必須アイテムをチェック！

- ☑ ネックウォーマー
- ☑ イヤーマフ
- ☑ 帽子
- ☑ 手袋
- ☑ 厚手の靴下
- ☑ 防水スプレー
- ☑ ホッカイロ
- ☑ ワックス
- ☑ サングラス
- ☑ 防水スマホケース
- ☑ 吸湿性・速乾性の高いインナーウエア
- ☑ 日焼け止め
- ☑ リップクリーム
- ☑ ハンドクリーム
- ☑ 保湿クリーム
- ☑ ポケットティッシュ

まとまってコンパクトにおさまります。

　何日もスキー場に滞在するのであれば防水スプレーも必須。というのは、防水効果は2日程度で消えてしまうことがあるからです。また、ガンガン滑る人はスキー道具に使うワックスも用意したい。

　意外に見落としがちなのがスマホケース。水に濡れると故障の原因になるので、防水用のスマホケースに必ず入れましょう。で、首から下げる。これでもうなくす心配がなくなります。

　女性なら日焼け止めも忘れずにスーツケースに詰めましょう。スキー場の紫外線の量は半端ないです。くちびるが乾燥するのでリップクリームも忘れちゃダメ。極度に乾燥しているので、ハンドクリームや保湿クリームを持参することもおすすめします。

　さらにいえば、寒い場所に長くいると鼻が出がち。ポケットティッシュも必需品です。

南極旅行

　南極に行ってコウテイペンギンやアデリーペンギンと対面する。これはペンギン好きの私の夢のひとつ。なかなか実現の日がやってきませんが、夢想するならいつでもできる。将来の南極旅行に備えて必需品を研究してみました。

　誰もが思いつくのが南極の寒さに絶えられる防寒具。ですが、南極に行く場合はほぼ100%ツアーになり、南極用のジャケットや長靴はツアー会社からレンタルできることが多いようです。とはいえ、南極大陸到着前から寒いのですから、やはり防寒ジャケットは必須でしょう。

　さらに、防水性のパンツ、暖かいインナーウエア、セーター、フリース、厚手の靴下、防水タイプの手袋、帽子、マフラー、ネックウォーマー、サングラスも欠かせません。スマホ用の防水ケースや日焼け止め、リップクリーム、保湿クリーム、ハンドクリーム、ホッカイロ、ポケットティッシュが不可欠なのはスキー旅行とまったく同じ。南極旅行はスキー旅行用の持ち物の強力防寒バージョンといえそうです。

　注意したいのが下着と靴下。なんでもいい、わけではなくて、濡れると体熱を奪ってしまうコットンはNG。シルクや化繊限定です。靴下も薄手のシルクか化繊のモノの上に厚手のウールや綿の靴下を着用します。このへん、さすが南極旅行。

　ペンギンやアザラシ、オットセイを観察するための双眼鏡も必要だし、強力な紫外線から目を守るためのUVカットのサングラスもマスト。もちろん、こうしたグッズを入れるための軽量の防水バックパックかデイパックも揃えなくては。こう考えると、費用がずいぶんかさみますが、それだけの価値が（きっと）あるのが南極旅行。などと机上であれこれ空想を膨らませるのも旅の醍醐味のひとつです。

必須アイテムをチェック！

- ✓ 防寒ジャケット・防水性パンツ
- ✓ セーター、フリース
- ✓ ホッカイロ
- ✓ シルクか化繊のインナーウエアや靴下
- ✓ ウールか綿の靴下
- ✓ 防水タイプの手袋
- ✓ 帽子
- ✓ マフラー
- ✓ UVカットサングラス
- ✓ ネックウォーマー
- ✓ ポケットティッシュ
- ✓ スマホ用防水ケース
- ✓ 日焼け止め
- ✓ リップクリーム
- ✓ 保湿クリーム
- ✓ ハンドクリーム
- ✓ 双眼鏡

CHAPTER
2
収納をもっと快適にする小技集

知っておくと便利で重宝。
収納前に知っておきたい小技を紹介します。

あると便利！
旅の七つ道具

　海外旅行に出かけると「ああ、あれを持ってくればよかった」と後悔することがよくあります。

　そうした後悔を繰り返し、私は常に「旅の七つ道具」を持って旅立つようになりました。七つ道具というとなんだか大げさに聞こえますが、中身はどれも小さく、日本ならどこにでも手に入って、かつ安いモノばかり（これ大事）。

　　　　　　　　　７つの道具はいつもポーチに入れておき、
　　　　　　　　　旅立つときにはそれをスーツケースに放
　　　　　　　　　り込むだけ。
　　　　　　　　　常備しておくと便利です。
　　　　　　　　　さて、その中身とは!?

1 ゼムクリップ

　旅先で増えた紙類を留めたり、iPhoneのSIMカードを入れ替えるときに便利なのがこのゼムクリップ。からまってしまったネックレスチェーンを解くときにも使えました。
　海外でも文具店に行けば手に入りますが、難点は箱単位で売っていること。箱で買うのはもったいない。3個ほど持参していくと便利です。

2 ダブルクリップ

　旅先でパンフレットや地図など紙類がかさばったらゼムクリップではもう足りない。そんなときはダブルクリップが活躍します。これも箱単位で売っていることがほとんどなので、大小合わせて3個ほど用意しています。

3 輪ゴム

　旅先で買った袋入りのお菓子やお茶。残ってしまってどうしようというときに効果を発揮するのがこの輪ゴム。ひとつあると全然違う。頼りになるヤツです。

4 プラスチックのカトラリー

　プラスチック製のスプーンやナイフなら空港の荷物検査でも引っかかりません。ホテルの部屋でコーヒーを入れたりミルクを混ぜたり、ちょっとお菓子を切りたいなんてときに重宝します。

5 延長コード

　ホテルのコンセントは使いづらい場所にあることが多いです。そんなときに延長コードが1本あると非常に助かる。電子デバイスが旅の必需品になったいま、延長コードも持参しましょう。

6 マスキングテープ

　割れやすいモノを持ち帰るときに便利なのがマステ。洋服やタオルで包んでマステでとめておけばカンペキです。好みの柄を選んでおくと旅が楽しくなります。私は飛行機柄で決まり！

7 ジップロック

　ジップロックは液体モノのパッキングには不可欠。フタから中身が漏れても、ジップロックが守ってくれます。かさばらないので4、5枚持ほど持っていきます。

KOWAZA 02
収納に便利な小物類 機内＆ホテル編

　飛行機に乗って、荷物を上の棚に入れて一安心。と思ったら、席でいますぐに使いたいモノを荷物の中に入れてしまっていたという経験はありませんか？　また荷物棚を開けて荷物を取り出すのは面倒くさいですよね。

　そんなことがないように、いまではあらかじめ専用のポーチに必需品を入れておき、席に座るときにはすかさず荷物から取り出すようになりました。私が使っているのは、フライトワンの「インフライトパック　シートパック」。そのものズバリ、機内の座席で使うポーチです。

　表面にはジッパー付きフロントポケットが3つ。裏面にも大きなジッパー付きポケットがひとつ。表面の最下段のポケットを開くと、内部にはカードスロットが2つ設けられています。

　サイドにはループがつい

ているのでシートの前のフックにかけられますが、私はそのまま前のシートポケットにポンと入れて使っています。

　このポケットに私が入れているのはスマホ、バッテリー、パスポート、財布、ハンカチ、ティッシュ、ミンティア、ウエットティッシュ、マスク、目薬。それから文庫本。すべてがすんなり収まるのがすごい。4212円（税込み）の価値はあります。

　ホテルでぜひ入手しておきたいのが、備品のシャワーキャップ。荷造りの際に力を発揮してくれるのです。

　一部ではかなり広まった使い方ですが、中に靴を入れてしまうのに使います。シャワーキャップのくるっと丸まる性質が、靴の収納にはぴったり。シャワーキャップは100円ショップでも手に入ります。10枚入って100円はお得。靴の収納のためにストックしておいては？

100円ショップで手に入るシャワーキャップ。

※このページに記載した商品価格は2019年3月現在の参考価格です。価格は変更になる場合がございます。詳しくはメーカーにお問い合わせください。

ラゲッジスケールは必需品!?

　荷物にシビアな重量制限を敷いているのはLCCばかりではありません。昨今、フルサービスキャリアであっても上限は厳しくなる一方です。

　エアアジア、ジェットスター、ピーチといったLCCは、機内持ち込み荷物の重さの上限を7kgに設定していますが、チャイナエアやベトナム航空、ニュージーランド航空、シンガポール航空なども同じ。ルフトハンザは8kg。せちがらい世の中になりました。JALやANAは10kgと、若干制限がゆるくなりますが、それでも制限があることにはかわりありません。さほど重そうに見えなければうるさいことを言われず持ち込みOKだった牧歌的な時代は終わったのです。

　特に日本から旅立つときは重量チェックが厳しくなるので要注意。海外の空港では見逃してくれる荷物も、日本ではカウンターでシビアにチェックされます。

　ということで、荷物の重さを簡単に測れるラゲッジスケールは必需品だと心しましょう。うれしいことにこのラゲッジスケール、どんどん軽く便利になっています。重さを測るラゲッジスケールが重くて制

重さ約170gで2つの機能付き（税込み4104円）。

限重量をオーバーしたらシャレになりません。できるだけ軽く使いやすく精度も確かで、ついでに可愛いスケールを選びましょう。

　私のお気に入りは、MILESTO（ミレスト）から発売されている「ラゲッジベルト ウィズ スケール」。その名の通り、スーツケースベルトにスケールが合体した製品です。

　使い方は簡単そのもの。まずスーツケースにベルトを回し、スケールの液晶のスイッチを入れてベルトを持ち上げるだけ。

　なお、このベルトは鍵付きです。3ケタのナンバーロックで鍵をかければ、もうベルトは取れません。

　色もきれいだし、黒でパイピングしてあるデザインもクール。まだベルトもスケールもどっちも持っていないという人にはおすすめです。

※このページに記載した商品価格は2019年3月現在の参考価格です。価格は変更になる場合がございます。詳しくはメーカーにお問い合わせください。

KOWAZA 04
お土産を収納するためのスペースづくり

　旅は一期一会。いいなと思ったら持ち帰りの荷物を気にすることなく、躊躇せずに気に入ったアイテムを買い求めたい。一番いいのは、旅立つときにスーツケースにお土産分の余白を残しておく方法ですが、現実はそう甘くありません。

　予定よりもお土産がかさばった。そもそも最初から荷物でパンパンになるという方も多いはずです。そういう方のための具体的な対策を紹介しましょう。

1 折り畳めば小さくなるサブバッグを用意する

　広げると30リットル前後の容量のボストンバッグになって、たたむとポケットに入れられる大きさのポケッタブルなバッグをサブとして用意しておくと、帰りの荷物が膨張したときに便利。キャリーのハンドルに掛けられるタイプを選びましょう。

② マトリョーシカ方式を試みる

　人形の中に人形が入るマトリョーシカよろしく、荷物の中に荷物を詰めて省スペース化を図りましょう。具体的には靴の中に靴下を入れる、小さなバッグなら中に下着を詰める（この方法だと型崩れにも効果的）といった方法です。靴を買って箱を捨てたくない場合には箱の余白にもモノを詰めましょう。塵も積もれば山となる！

> スーツケース以外にも応用できます。ボストンバッグやリュックだったら手に持って軽くぶんぶんと振ってみましょう。隙間ができます。

③ エクスパンダブルのスーツケースで出かける

　エクスパンダブル（Expandable）というのは伸縮可能、膨張可能という意味。スーツケースの中にはこのエクスパンダブル機能を搭載した製品が珍しくありません。ファスナーをぐるっと開けるとマチ幅が広がり、容量がアップする。そんなタイプです。86ページで紹介しているルーベリカキャリーのスーツケースがまさにこれ。Mは4リットル、Lは5リットル、容量がアップします。いつもお土産を買いすぎて最後のパッキングが大変という方はぜひこのエクスパンダブルタイプを！

④ 荷物を詰めた後、スーツケースを転がしてみる

　この方法はバカになりません。荷物でいっぱいになり、もう詰めるスキなど微塵もなかったように見えたスーツケースが、立ててコロコロと転がしてみると上の方に隙間ができるのです。これは、自らの重さで荷物が下に沈んでくるため。スペースができたらしめたもの。ここにお土産を詰めましょう。

⑤ パッケージは捨てる

　人へのお土産ではなく、自宅で使うモノであれば容赦なく余分な箱や袋など包装資材は捨てましょう。靴などはその最たるもの。旅先で靴を買ったらかさばる箱は捨てて、51ページで紹介したようにシャワーキャップで包んで持って帰るとスペースを取りません。

> ブランドものの靴を買ったから箱は絶対取っておきたい場合は②のマトリョーシカ方式で対応を！

KOWAZA 05
壊れ物の なるほど収納グッズ
(プチプチ、新聞紙、布)

　旅先でついつい買ってしまった壊れやすいお土産物。いろいろあると思います。

　代表的なのは食器でしょうか。ジャムやワインなど瓶入りの食品やお酒、人形、人によっては楽器を買って帰るという人もいるかもしれません。

　そうした繊細なモノを日本まで無事に運ぶには、それなりの作業が必要です。私は、そう頻繁には行けないような場所を旅行するときには、割れ物を包む道具を用意してスーツケースに詰めています。さて

応用シーンの広いマステは旅にぜひ持参したい。

そのやり方ですが、用意するのは新聞紙、プチプチ、布(洋服でOK)。

新聞紙は割れ物ではないけれど大事に保護して持ち帰りたいモノに使います。日本から持っていく必要はありません。現地で新聞を買って使いましょう。

瓶類やガラス製品、食器などは、旅行に持ってきているTシャツなどの洋服でくるみます。プチプチがあれば、その上からさらに包み、最後にダクトテープ(70ページ参照)かマスキングテープでぐるぐる巻きにします。これでもう完璧。

プチプチはあったらベターですが、なくても大丈夫。その分、洋服で念入りに包みましょう。

パッキングをコンパクトにおさめるコツは、ひとつのモノをいくつかの用途で使うこと。旅先でおしゃれを楽しんだら、今度は荷物の梱包役として洋服に活躍してもらうのです。

お土産をくるむのに使うテープ類だけはあった方がいいかもしれません。コンビニが近くにあれば別ですが、ない場合、意外に売っている場所を見つけにくかったりします。

マスキングテープならかさばらないし、デザインが可愛いのもたくさんあります。好みの柄で土産物梱包作業も楽しく演出してください。

旅行に適した服、適さない服

　旅行向きの服といえるのは、軽くて乾きやすい化繊の洋服。ポリエステル、ナイロン、アクリルといった素材です。

　中でもすごいのはポリエステル。軽くて、シワになりにくくて、型崩れしにくいです。耐久性も高いし、なんといっても乾きが早い。

　逆に、旅行に不向きなのがコットンや麻、絹、レザーといった自然素材です。肌触りがよくて涼しくて丈夫なコットンは、シワになりやすいし、洗濯してもなかなか乾きません。

　重いのも難点です。コットン100%の洋服ばかりを揃えると、重量が増えます。デニムなんてその最たるもの。

　メンズのデニムの場合、1本でだいたい500〜600g。レディースだと使用している布が少ないのでもう少し軽くなりますが、それでも400g前後はあります。

　レザーはさらに重くなります。レザー製のショートジャケットなら約1kg。旅行中に使いたいなら最初に着ていくべき洋服のひとつです。

　麻も問題あり、です。通気性が良くて、水分の吸湿や発散性には優れていますが、むちゃくちゃシワになりやすい。摩擦で毛羽立ちやす

いのもつらいです。麻はコットン以上に旅行には不向きといえるかもしれません。

　と、このように自然素材を貶めてしまいましたが、手触りや通気性でいえば化繊はコットンや麻の足元にも及びません。どうしても旅先で着たい場合にはだいたいの重さを把握して、必要なモノ、そうでないモノを取捨選択しましょう。

素材別衣類の重さ (著者調べ)

- デニム(レディース) 400g前後
- コットンのワンピース 300g前後
- コットンのスカート 300g前後
- コットンのカットソー 300g前後
- ポリエステルのブラウス 約100g
- レザージャケット 800g前後
- コットンとポリエステル混紡のブラウス 200g前後

100円ショップで
旅行アイテムを厳選!

　100円ショップに行くと思わずあれもこれもほしくなりますよね。さんざん買い物をして旅行先で検証し、その結果、100円ショップで買っても間違いなしという結論に達した私のおすすめアイテムを紹介しましょう。

1 ボディタオル

　旅先で体をがしがしと洗いたいとき、意外に見つからないのがこのボディタオル。私はボディタオルで洗わないとどうも洗った気分になれないので必ずボディタオルを持っていきます。
　泡立ちがいいヤツ、シルクの肌触りが固めの感触など、どれも100円ってスバラシイ。コスパの良い軽いボディタオルで、旅行先でのお風呂タイムを楽しみましょう。

② 手荷物固定ベルトバッグ

　スーツケースやキャリーケースの上にバッグ類を固定すると楽に移動できます。専用のベルトは旅行専門店やAmazonでも売っていますが、ゴムで簡単に固定するだけなので、私はダイソーの「手荷物固定ベルトバッグ」の愛用者。ひとつ持っておきたいアイテムです。

③ 洗濯ネット

　100円ショップの商品は年々洗練されています。洗濯ネットもその筆頭。ディズニー柄、北欧デザイン柄、刺繍デザイン柄など選び放題です。
　私は基本、使用済みの衣類はホテルでまめに洗濯していますが、最後の最後に出る衣類だけは洗濯ネットに入れて持ち帰っています。

④ フリーザーバッグ

　本来、ジップロックは旭化成ホームプロダクツの製品名。でも、食料保存用のファスナー付きプラスチック袋の代名詞なので、この本でも類似の商品はジップロックで通します。

　さて、ジップロックに私は化粧品を入れたり、液漏れの可能性がある液体物を入れたり、ホテルの部屋で飲みたいコーヒーの豆用に使ったりと活用しています（コーヒーミルも持参しています）。

　正真正銘のジップロックもいいけれど、100円ショップで売っている同様の袋も捨てがたい。例えばダイソーの「冷凍フリーザーバッグ」。SMLの3サイズ揃っていて、それぞれ30枚/20枚/15枚入りです。

　実はこの「冷凍フリーザーバッグ」、本家のジップロックよりもちょっとだけ厚いのです。もちろん厚いからいいということではなく、ジップロックはファスナー部分が二重だったり、タブ付きなので開けやすいというメリットがあるので一概には言えません。が、Mサイズのジップロックは1枚あたりおおよそ10円。一方、ダイソーの「冷凍フリーザーバッグ」は約5円。旅行に持っていくなら半分の値段の「冷凍フリーザーバッグ」でも十分というのが私の正直な感想です。

無印の旅行専門店
「MUJI TO GO」で買うべきアイテム

　成田空港や関西空港、香港国際空港やニューヨークのJFK国際空港には「MUJI TO GO」というショップがあります。

　これは、無印良品のアイテムの中から「トラベル&モバイル」というコンセプトに合う商品をセレクトした業態。旅行に持っていくと便利そうな無印アイテムの宝庫です。

　バーの高さを自由に調節できるストッパー付きハードキャリーもあれば、半分の厚みで収納できるソフトキャリーもある。パスポートケースや吊るして使える洗面ポーチ、ピルケース、トラベルポーチ等など、ここに来れば旅行グッズがほぼ手に入るといっても過言ではありません。

　デザインはどれもシンプルでいかにも無印だし（当然ですが）、機能的にもよくできています。が、最近は無印に似た商品が低価格で手に入るようになったことも事実。

　そこで、ほかにはない無印ならではの魅力が炸裂したアイテム、実際に私が旅行で便利に使っているお気に入りのアイテムをピックアップしてみました。

1. 携帯用靴みがきシート

靴の汚れを取ってくれるだけでなく、ツヤ出しができるウエットタイプ。一度、ほかのウエットティッシュでも代用できるかもと思って使ってみたらあまりツヤが出ませんでした。ツヤを求める方はひとつ持参しましょう（税込み350円）。

2. 携帯用シリコーンコップ

これはスグレモノです。重さはわずか20g。ぺたんとしているシリコン製シートに見えますが、中に水を入れると自立するコップとして使えます。機内で歯を磨きたいときに便利に使えて場所を取らない。無印サイコー！（税込み350円）

3. ポイントケアバーム

フタをとって下のダイヤルを回すと中からバームが顔を出します。髪でも顔でも体でも乾燥の気になるところであればどこにでも使用可能。これまでシアバターや美容オイルなどを使っていましたが、手が汚れるのが難点でした。その点、このポイントケアバームなら手を汚すことなく使えます（税込み1190円）。

以上、3点は旅行に限らなくても重宝するアイテム。いつもバッグにいれておきたくなります。

※このページに記載した商品価格は2019年3月現在の参考価格です。価格は変更になる場合がございます。詳しくはメーカーにお問い合わせください。

オシャレ旅行グッズ専門店ミレストの
ワタシ的掘り出し物

旅行グッズ専門店と聞いて、どんな店をイメージしますか？

JALが運営するショップもあれば、パスポート申請窓口のすぐそばにある老舗旅行用品専門店もあります。東急ハンズやロフトのような店でも旅行グッズは充実しています。

でも、思わず「可愛い」という声が飛び出す店といえば、ここをおいてはほかにないでしょう。MILESTO（ミレスト）です。

MILESTOは機能性とデザインが両立したトラベルブランド。"毎日を旅するように暮らす"大人へ向けた旅支度のコンセプトショップです。ここでは旅行がより便利に楽しくなるワタシ的おすすめアイテムを紹介しましょう。

1 パッキングオーガナイザー

　この手の製品はいまや100円ショップにもネットショップにもごろごろと溢れていますが、MILESTOのパッキングオーガナイザーは収納ポケットが2つ組み合わさった形なので、収納力はバツグン。

　素材がコーデュラなのもいい。ナイロンの7倍もの強度を持つ繊維なので、耐久性と防水性が担保されています。ファスナーも、安いけど弱っちいあまたのオーガナイザーを蹴散らすような丈夫な造りです。

　種類は4リットルのポケット2つのタイプ、8リットルのポケット2つのタイプ、6リットル、12リットルの4つ。価格はそれぞれ2160円、2592円、1944円、2376円(税込み)。

　サイズはS、M、Lの3種類。これらをパズルのように組み合わせれば収納は簡単です。

　MILESTOを運営するイデアインターナショナルのプレス担当者が教えてくれたのが、宿泊日別にオーガナイザーを使い分けて収納する方法です。

　「1泊目の下着とトップス、2泊目の下着とトップスといった具合に、日にちごとに使用する下着とトップスをあらかじめ決めておき、オーガナイザーにパッキングしていきます。ひとつのオーガナイザーに収納ポケットが2つあるので、4泊であれば2個のオーガナイザーで済みますよ」

※このページに記載した商品価格は2019年3月現在の参考価格です。価格は変更になる場合がございます。詳しくはメーカーにお問い合わせください。

詰めるのを下着とトップスだけにしているのは、スカートやパンツなどのボトムスは使い回しすることが多いから。ボトムスは別のオーガナイザーに入れてもいいし、しわにならない素材のモノを選んでくるくる丸めて、オーガナイザーの脇に詰めてもいい。これは目からウロコのアイデアでした。

　1週間以上もの旅行だとちょっと無理ですが、2泊～3泊程度の国内旅行や近場のアジア旅行ならこの方法で十分に対応できるのでは。

❷ シューズバック

　靴はパッキングの大敵。かさばるし重くなるし、旅行に持っていってあまり良いことはありませんが、それでも替えの靴ぐらい持っていきたいのがオンナゴコロ。レジ袋などを使うと気分がだだ下がりするので、できれば専用のバッグを使いたい。

　MILESTOのユーティリティシューズバッグ（税込み2592円）は、先のオーガナイザー同様コーデュラ素材なので丈夫で防水性も高く、靴の収納にはもってこいです。

　バッグの内側には消臭機能のあるタグ付き。使用済みの下着にも使えます。

　背面にはメッシュ素材のポケットがついているし、ハンドル部分はスナップボタンで取り外し可能。キャリーバッグにも付けられます。背面のメッシュ素材のポケットは靴下入れにもぴったり。

③ 洗える携帯スリッパ

　旅行先で使うスリッパなんて安いものでOKと思っていませんか？　私もかつてはそう思っていましたが、足入れしたときの感覚や見た目など総合判断すると、ケチってはいけないというのが結論です。

　長持ちするし何より気分がいい。足元の感覚は大事にしましょう。

　MILESTOの「洗える携帯スリッパ」(税込み1620円)がいいのは洗えて、かつ乾きが早いこと。それから、スパンデックス素材特有のふわふわっと柔らかく優しい履き心地。気持ちがいいので普段使いしたくなります。

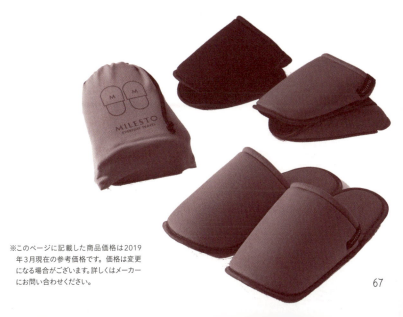

※このページに記載した商品価格は2019年3月現在の参考価格です。価格は変更になる場合がございます。詳しくはメーカーにお問い合わせください。

KOWAZA 10
ビーチサンダルの
ススメ

ビーチサンダルはビーチリゾートを旅行する人だけの必須アイテムではありません。多彩な場面で大活躍。こんなに使えるヤツはないと断言できます。

ビーチはもちろんホテルの部屋の中ではスリッパ代わりに使ってもいいし、アジアの暑い都市を歩き回るときにはビーチサンダルはもってこい（私がいま住んでいるバンコクでは、オフィスで働く女性も足元はビーチサンダルだったりします）。

安目のホテルやゲストハウスにあるトイレとシャワールームが一体化したバスルームや、ビーチにあるシャワールームを利用するときにも重宝します。ああいう場所に素足でいきなり入るのは抵抗がありますよね。白人は皮膚感覚が違うのか平気でずんずん足を踏み入れていますが、びしょびしょに濡れている（あまりきれいではなさそうな）床を素足で歩くのが生理的にいや、どうしても抵抗があるという日本人は多いはず。そんなときにビーチサンダルがひとつあると本当に助かります。

ただし、ファッション性や価格の安さだけで選ぶのはNG。ペラペラのサンダルだと足が疲れてしまうからです。ある程度、ソールがしっかりしたものがいい。

　私が愛用しているのは、鼻緒とソールが一体成型されているギョサンのビーチサンダルです。一度これを履くともう浮気できません。その優れた点を挙げてみましょう。

> ギョサンの
> ビーサンの
> メリット

- 形が崩れない
- 厚みのあるソールで歩きやすい
- 濡れた岩場もこなせる
- 鼻緒が太いので指が痛くなりづらい
- 耐久性が高い
- カラーバリエーションが豊富
- オシャレな色もあり
- 価格が1000円
- 日本製

　どうでしょう。こんなにコストパフォーマンスの良いビーチサンダルはありません。つるつる滑りやすいところでも踏ん張れるのがすごい。履いて走るのは無理ですが、それは他のビーチサンダルも同じこと。ビーチサンダルとしては上出来です。

　クリアカラーのギョサンのサンダルを履いていたら、「それ可愛い」と言われること確実（事実言われた）！　そのたびにほくそ笑みたくなります。スーツケースにはギョサンのビーチサンダル１足を放り込んで旅立ちましょう。

毎日の生活グッズが旅行用に変身！
（ダクトテープ、柔軟剤シート）

　普段使いの生活グッズの中には、旅先で便利に使えるアイテムがいくつもあります。そのひとつがダクトテープ。ガムテープの強力版だと考えてください。

　名前は聞いたことがなくても使用現場は目にしたことがあるかもしれません。エアコンや車の修理など応急措置として多用されています。

　そうしたハードの現場に使用されるのは、ダクトテープに以下のような特性があるから。

ダクトテープのメリット
- 形が崩れない
- 粘着力が高い
- 防水性が強力
- 手で簡単に切れる
- 重ね張りできる
- 遮光効果もある

生活グッズの中から旅行最適品を見つけよう。

　日本ではガムテープの方が有名で利用度も高いようですが、使い勝手からいうと絶対にダクトテープの勝ち。

スーツケースやバッグのハンドル部分が壊れたり、フタがうまく閉まらなくなったりしたら、ダクトテープで応急措置しましょう。洋服の糸くずを取るのにも使えます。コロコロの代わりにダクトテープだ。

　洋服のすそがほつれたという緊急事態もダクトテープの出番です。ちくちく裁縫するよりもずっと簡単に処置できます。メガネのつるが取れたときやホテルの部屋の余計な照明を隠したいときにも有効です。

　問題は働き者だけど見た目が悪い点。でも応急措置としてならこんなに使えるヤツはない。かたい紙（ダンボールなど）を芯にしてダクトテープを巻いて少量持っていけば荷物にもなりません。

　もうひとつ、生活グッズの中で旅行に持っていくと便利なアイテムをあげると、乾燥機用の柔軟剤シート。これを何枚か持っていくと旅のあちこちで利用できます。

　例えば、使用済みの下着や靴下、靴などの臭いが気になるとき。これを1枚入れておくだけでずいぶんと違ってきます。

　ホテルの部屋がカビ臭いというときには芳香剤として使えます。エアコンの臭いが気になるときには吹き出し口に柔軟剤シートをはさんでおくと、それだけで良い香り。部屋の快適度が上がります。

　スーツケースに入れても場所を取らないし、柔軟剤シート自体高いものではないので（400円前後）、ひとつ揃えておいてはいかがでしょう。

スポーツ・アウトドアブランドに着目しよう

　私が旅先で使っているのはパジャマではなく、スポーツウエア。ジョギング用のシャツとヨガパンツを愛用しています。

　これが実に快適です。軽いし、肌なじみもいい。スポーツウエアは旅行シーンにもっと活用されていい、活用されるべきというのが持論です。

　スポーツウエアの何がいいって、メリットしかありません。

スポーツウェアのメリット

- 軽い
- 速乾性が高い
- 通気性が高い
- 肌へのあたりが優しい
- 体にほどよくフィットする

　スポーツウエアだけでなく、アウトドアブランドも要注目です。最近のアウトドアブランドは旅行のカテゴリーに力を入れているところが多く、旅行で使いやすいアイテムがぐんぐん増えています。

　例えば、モンベルの「トラベルアンブレラ」。重量はなんと86g。驚

異的な軽さは、超軽量な生地と6本骨という設計のたまものです。100g程度の傘なら珍しくありませんが、86gの傘はさすがに軽い。手に持つとびっくりします。

　パタゴニアの「ライトウェイト・トラベル・トート・パック」も、旅に最適なトートバッグ。重量はわずか396g。それでいて、強度のあるナイロンを使っているので丈夫でかつ収納力たっぷり。防水ではないけれど撥水性が高いのでちょっとした雨なら問題ないです。

　さらにすごいのが、リュックとしても使えるのに、小さくコンパクトにまとめられること。アウトドアブランドならではの商品設計のすばらしさ。すべての旅好きに伝えたいです。

　このようにスポーツ＆アウトドアブランドはヘビーな環境でも使える耐久性と機能性を備えた商品揃い。旅好きには探索しがいのあるカテゴリーです。

これは持っていっちゃダメ！

　持っていくと荷物が重くなるだけ。百害あって一利なしのアイテムはいろいろあります。

　その代表格がドライヤーです。旅行用の軽いモノを買っても、そこはやはりドライヤー。それなりの重さはあります（最低でも500gほど）。

　そもそも、よほどの安宿に泊まらない限り、私物ドライヤーの出番はまずありません。部屋についているからです。ついていなくてもホテルのスタッフに言えば、借りることができます。

　ナノケアタイプのドライヤーじゃなきゃイヤだとか、大風量マイナスイオンのドライヤーでないと髪が満足しないという人以外は、ドライヤーを持参するのはやめましょう。ムダです。

　電気ポットも持っていってはダメなアイテムのひとつ。

　10年ほど前は部屋にポットがないホテルが多数ありました。部屋でお茶が飲みたいなと思ったときに不便で困るというホテルは少なからずありました。

　しかし時代は変わったのです。

部屋でWi-Fiが使えないホテルはいまや生き残れないように、部屋にポットを置いてないホテルも旅行客には支持されません。　旅行用品店にはいまだに旅行用のポットが販売されていますが、買う必要はゼロ。本当にポットがホテルにあるのかないのか気になるなら、ホテル予約サイトでそのホテルの備品を確認しましょう。

　客室のアメニティや備品の情報欄を見れば、冷蔵庫、ミニバー、コーヒーメーカー、ボトルウォーター (無料) などの有無が一目瞭然。便利な時代になりました。

　バスタオルも私は持っていきません。

　持っていくとしたら小さなフェイスタオル。バスタオルはかさばります。ホテルには付いていますから、わざわざ持参するのはムダ。

　ホテルにあるものはホテルで済ます。現地にあるものは現地で済ませる。これが荷物をすっきりコンパクトにまとめる鉄則です。

　12ページでも述べましたが、日本食を持っていくのは毎日食べないと落ち着かないとか生きていけないという食材以外はやめた方がいい。

　ちなみに、自分にとっての「持っていっちゃだめ」なアイテムは旅行から戻った後に荷物をチェックするとはっきりわかります。旅の反省を次回に生かしましょう。

失敗から学ぼう

　旅には失敗がつきもの。パッキングに関する私の最大の失敗は、機内持ち込みのスーツケースに入れていたバルサミコ酢の液漏れです。席の上の荷物入れからニオイがもれ、周囲にも迷惑をかけてしまいました。

　ネイル用の除光液がスーツケースの中で漏れてしまった経験もあります。バルサミコ酢同様、フタを締めたと思ったら、振動のせいなのか除光液が漏れ出していたのです。このときは、ニオイはさほどでもなかったのですが、溶解力がすごかった。除光液といっしょに入れておいた化粧品のプラスチックボトルがすこし溶けていました。

　あんなにちゃんとフタを締めたのに。その苦い経験が「液漏れを防ぐ超効果的でカンタンな方法」を生み出しました（161ページ参照）。

　最後にもうひとつ失敗談を。大小さまざまサイズのポーチを使って収納に励んだあげく、どこに何を入れているのかがわからなくなり大混乱。いちいち開けて確認しなくてはならず、かえって手間がかかったことがありました。ここから学んだのは「仕分けは大雑把でいい」ということ。失敗は成功（?）の母です。

旅先での洗濯を考える

　旅先でたまった洗濯物を洗いますか？　それともそのまま家まで持って帰りますか？

　私は前者。使用済みの下着や洋服を旅行中ずっと持ち運ぶ気にはなれず、ホテルの洗面所やバスルームでちゃちゃっと洗っては干しています。いくつかの方法を試してみましたが、現在は以下の方法で落ち着いています。

> 私の旅先での洗濯用品

- ジェルタイプの洗剤
- 折りたたみできる手桶
- 洗濯ばさみやミニハンガー、ロープがついたトラベル洗濯セット

　ジェルタイプの洗剤はドイツ製のチューブ入り。硬水でも利用しやすく、香りも控えめ。泡切れもいいし、襟や袖などにピンポイントで使える点も気に入っています。

　手桶はシリコン製の折りたたみタイプ。ぺこんとたためば場所を取らない。見た目も通常の手桶よりはずっとスマートです。顔を洗ったり、下着類を洗ったり、体にお湯をかけたりするときに役立ちます。日本人ならやっぱり手桶かも。

COLUMN #2

旅に石けんを持っていく

あなたは体を洗うときにボディシャンプーを使いますか？ それとも石けんを選びますか？

私は断然石けん派。旅においても同様です。そこで旅行に便利な石けんを探してみました。

まず最初は、無添加石鹸本舗の「旅する石けん」シリーズです。幅2cm×高さ1cm×長さ2cmのキューブ状で、まるで見た目はキャラメルの箱。旅好きな人へのギフトとして贈っても喜ばれそう。

2つ目は、スティック状になったルアンルアンの「ハーバルフレッシュソープ」。スティックのりのように容器の底を回すと、石けんが顔を出します。90g、30gタイプの2つがあって、30gは旅行にちょうどいい。7g入りの小さなスティック（香り違い）5本セットから好きな香りを選んで持っていくのもいいですね。どれもすごく香りがいいです。

3つ目がよーじやの「洗顔用紙石けん」。香りが上品で使いやすい。体を洗うのには足りませんが、手をちゃちゃっと洗いたいときにも使える。石けん派におすすめしたいお手頃アイテムです。

CHAPTER

3

スーツケースを
賢く選ぶ

何を決め手にスーツケースを選べばいいの？ もうそんな
悩みとはさようなら。目的にぴったりあったスーツケースをお教えします。

機能とオシャレ度、ブランド力からスーツケースを探してみよう

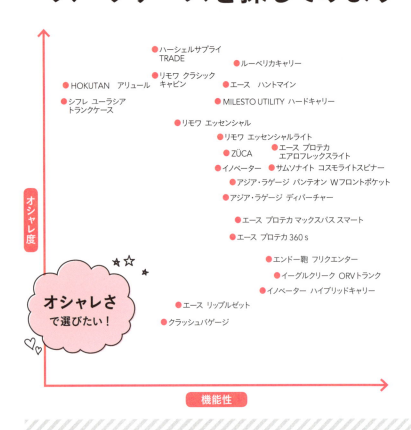

② 目的別のスーツケースをズバリ教えます！

軽さやバリエーションで選ぶなら…

1 プロテカ
PROTECA（エース）

　何だ、この軽さ。

　これがエースの「プロテカ」ブランドの新シリーズ、「エアロフレックス ライト」のスーツケースを始めて持ったときの率直な感想です。人は何かモノを持つ前に、これまでの経験から一定の重さを予想します。機内持ち込みのスーツケースだったらこれぐらいの重さだろうと予測して持つわけですが、「エアロフレックス ライト」は完全にその予想を裏切りました。

　機内持ち込みサイズの重さは1.7kg、容量は37リットル。数字にするとピンとこないかもしれませんが、とにかく拍子抜けするぐらい軽

い。それでいて容量もたっぷりです。たくさん入ってデザインもクール。スーツケースに軽さを求める人には断然おすすめです。言葉で表現するのがじれったい。

　売り場で一度体験してみて。と私が言うまでもなく2018年9月の発売直後から人気で品薄が続いているとか。エースの広報・PR担当の山田絢音さ

「エアロフレックス ライト」の内装はシンプル。でも、これだけの軽さなら問題なし。機内持ち込みサイズ6万2640円、74リットル(2.4kg)サイズは7万3440円。

んによれば「通常、旅行に行く直前にスーツケースを買われるお客様が多いのですが、この「エアロフレックス ライト」に限っては発売直後から多くの反響がありました。バッグ売り場で体験すると旅行とは関係なく、すぐに買い求められる方が多かったですね」。衝動買いしたくなるのもわかります。

　ハードスーツケース史上最軽量のモデルは新素材のたまもの。軽くて丈夫なPP(ポリプロピレン)繊維でできた織布に、グラスファイバー繊維を重ねて圧縮・成形した新素材ウルトラストリングが軽量かつ耐久性の高いスーツケースを実現したとか。つまり、単に軽いだけじゃなく強さに裏打ちされた軽さなのです。

エースの「プロテカ」ブランドには、ほかにも利用者目線のスーツケースがたくさんラインナップされています。

　例えば、世界初のタテにもヨコにも開く「360」。わかるでしょうか。スーツケースがどの方向からも開けられるのです。つまり狭い場所でも自在に開閉できるというわけ。

　ほかにも充電できるモバイルバッテリーとスーツケースを追跡できるトラッキング機能がついたスマートラゲージ「マックスパス スマート」など、新機能を盛り込んだモデルも発売されています。

　「プロテカ」はシェルの成形から組み立てまで、国内で一貫して生産する、唯一の日本製スーツケースブランド。消費者ニーズをくんだ開発力と確かな技術力、豊富なバリエーションや高品質で安心安全を重視する人には文句なくおすすめです。

どこでも充電できる「マックスパス スマート」。7万1280円(税込み)。

> ブランドにこだわるなら…

2 リモワ
RIMOWA

　スーツケースの有名ブランドといえば、やはりドイツのリモワで決まりでしょう。

　非常に高額にもかかわらず熱狂的ファンが多く、世界的に大人気。表参道にある直営店もスーツケースのショップとは思えないほど豪華絢爛。ヴィトンやエルメスなどのブランドに近い存在といってもいいでしょう。

　他のラグジュアリーブランドがそうであるように、リモワの人気や名声もダテではありません。強度と軽量化が合体したクラシックなジュラルミン製の「クラシックキャビン」は、コーナー部分をリベットで留め、ハンドルは手作りのレザー製。職人技と技術革新が一体化した仕上がりはどこから見ても美しいです。

　その一方で「エッセンシャルライト」という機内持ち込みサイズの場合、容量3.1リットルで重さは2.1kg。ツヤのあるグロッシーなカラーリングの美しさもリモワならでは。高くてもいい、ブランドが好き、旅の気分を盛り上げたいという人向きでしょうか。

※このページに記載した商品価格は2019年3月現在の参考価格です。価格は変更になる場合がございます。詳しくはメーカーにお問い合わせください。

> 働く女子向きの決定版!

3 ルーベリカキャリー
Ruberica Carry（ハー・ストーリィ）

　女子向けスーツケースというと妙に可愛いだけで使い勝手が悪い。機能を追求すると無骨で無粋スーツケースしかない。いいとこどりのスーツケースはないのという不満に応えてくれたのが、サブ事業として飲食やアパレルを展開するマーケティング会社ハー・ストーリィが開発したスーツケース「ルーベリカキャリー」です。

　「ルーベリカ」ブランドではシワにならないワンピースを発売した後、既存のスーツケースに対して女性たちの不満が多いことに注目。彼女たちの切実な声を吸い上げ、スーツケースメーカーの老舗・サンコー鞄といっしょに「ルーベリカキャリー」を制作しました。

　この本の女性編集者といっしょに取材に行ったのですが、最初から歓声があがりまくりでした。絶妙のカラーリングもオシャレですが、中を開けるとさらにテンションがあがる。内装のオリジナル柄が上品で大人可愛いデザインだからです。

　収納が苦手な人にうれしいのが、内装プリント

サイズ違いのパッキング用のトラベルポーチは、収納苦手派の女性の救世主。分類を決めて、モノを詰めてファスナーを閉じさえすれば、あなたも「こんまり」さんです!?

と同じ柄のトラベルポーチ4点セット。ポーチを別に買おうとするとけっこう費用がかさみますが、最初から付いているので新たな負担なし。しかも統一感があるので、開けたときに違和感がまったくありません。

ハー・ストーリィの加藤沙貴子さんいわく「中に小物を入れ、重ねるだけできれいに収納できて、それなりに見えるポーチを目指しました」。そう、女性だから収納上手というわけでないのです。よくわかっている。

大サイズの取っ手付きポーチは温泉に持って行ったり、ホテルの部屋、バスルームにかけておくこともできます。折りたたみ傘ホルダーもグッドアイデア。MサイズについているPC入れクッションポケット

は、取り外しして容量を増やすこともできます。

　ファスナーにも手を抜いていません。「アクセサリーと色を合わせたい」という女性のニーズを踏まえて、ホワイトベージュタイプにはゴールドの、ブルーのスーツケースにはシルバーのファスナーが使用されています。持ち手もシックで上品じゃないですか。

　ストッパー付きもうれしいし、うっすらと浮き上がるクロコプリントも女性が考えないと絶対出てこないアイデアだと思います。このクロコが気分を上げてくれるのです。ばりばり働き、出張にも出かけ、旅行も大好きという女性なら見逃せません。

フロントオープンからのぞく内装プリントが美しい。機内持ち込みサイズは税込み2万7864円。さらに小回りがきくSサイズは税込み2万4624円。

一人旅でもこれなら安心！

4 エース リップルゼット
ace.

　一人旅は楽しいけれど、困るのがレストランや空港、ラウンジなどでトイレに行くとき。大きなスーツケースを引きずってトイレに行くのはちょっとはばかられるし、そもそもスーツケースを置けるスペースを設けたトイレなんてほとんどありません。

　旅の本には「ワイヤーロックを使いましょう」とありますが、実際使ってみると、意外に面倒くさいものです。いちいち取り出してロックするのもおっくうだし、かさばるのも困りもの。

　そういう面倒くさがり屋にうってつけなのが、エースのワイヤー付き「リップルゼット」。ワイヤーロックが搭載してあるので、使いたいときにはボディからケーブルをするすると出して、テーブルとか柱とか移動できないモノに回して留めるだけ。あとは本体をロックすれば準備完了。これでトイレにも安心して行けます。

93リットル5kgサイズで税込み3万5640円。

※このページに記載した商品価格は2019年3月現在の参考価格です。価格は変更になる場合がございます。詳しくはメーカーにお問い合わせください。

旅先でラブリーな夢を見れそう
5 ハント マイン
HaNT（エース）

　先に紹介した「ルーベリカキャリー」がばりばり働く大人女子向けスーツケースなら、エースの「ハント　マイン」はもう少し「可愛い」寄りのスーツケース。でも、決して子どもっぽくはない。大人可愛いデザインです。

　定番色は4色。どれも絶妙のニュアンスカラーでベタじゃない。斜めにリブが入っているのも格好いいです。その一方で、表の色ごとに異なる内装のプリント地はラブリーで、旅先で良い夢が見られそう。可愛さとクールさのバランスがうまく保たれているスーツケースだと思います。

　マチの付いたポケットが付いているので、収納ベタでも簡単にパッキングできるのも便利でしょう。

　ただ、あらかじめポケットが付いているだけに収納量自体はすこし落ちるかも。これは好みが分かれるところでしょうが、ポケットに入る分の荷物しか持っていかないと決めてしまえばスマート

に収納ができるはず。荷物を減らしたい人、すっきりと旅立ちたい人にはおすすめです。

　それから最強に可愛いのが機内持ち込みサイズに付いてくるキャスターカバー。旅館などでスーツケースを室内に持ち込むとき、キャスターの汚れが気になりますよね。それを防ぐために、内装のプリント地を使った専用カバーが付いているのです。

　なんという気の利いたアイデア。キャスターカバーを付けた「ハント　マイン」の姿はラブリーそのもの。インテリアのアクセントにもなりそうです。

　ストッパーもついているし、スーツケースの置き場所に困るという人にはうれしい仕様ではないでしょうか。

エースの女性社員チームの知恵とセンスを総結集。可愛いだけじゃないのが憎い。機内持ち込み可能なSサイズは2万7000円、Mサイズは3万240円、Lサイズは3万3480円（すべて税込み）。

※このページに記載した商品価格は2019年3月現在の参考価格です。価格は変更になる場合がございます。詳しくはメーカーにお問い合わせください。

北欧デザインがうれしい
6 イノベーター
innovator（トリオ）

スウェーデンの国旗デザインが印象的なスーツケース。どこかで見たことはありませんか？

「イノベーター」はスウェーデンの老舗家具ブランドであるイノベーターから始まったブランド。11年前から鞄メーカーのトリオがライセンスを受けてスーツケースを発売しています。私も以前持っていたことがありますが、「イノベーター」のツートンカラーのデザインってひと目を引くし、なんとなく誇らしいんですよね。

でも、トリオの鈴木義弘さんいわく「ツートンカラーの色出しは当時の技術ではなかなか難しかったんですよ。試行錯誤を経て実現にこぎつけました」。簡単のように見えてあの色は技術革新の成果なのです。現在の「イノベーター」で人気があるのはマットブラックやマットネイビーのタイプ。「イノベーター」と聞いてイメージされるあのツートンカラーは、お店や売り場のア

ジッパータイプのハードキャリー（50リットル 3kg）は税込み1万9940円。

イキャッチとしての役割が強いようですが、北欧デザインならではのクールさはどの製品にも徹底されています。

　例えば、フレームとボディの色のコーディネーション。内装のメッシュポケットの生地とステッチの色の組み合わせ。いずれも北欧を感じさせるチョイスです。シューズバッグやランドリーバッグとして使えるカモフラ柄のトートバッグやエアメール柄の透明ポーチといった付属品、ネームタグやコースターとしても利用できる商品タグも旅行の高揚感を演出してくれます。

　トラベル小物を「イノベーター」で統一できるのも、このブランドの大きな魅力です。伸縮性のあるスーツケースベルトは折りたたみ傘も挟める仕様で便利で格好いい。中の仕切りが移動できる「ディヴィジョンバックポーチ」や「3点セットポーチ」もすべてが「イノベーター」の世界観でデザインされていて、かつ機能的です。すべてを揃えたら北欧気分に浸れることは間違いなし。北欧好きは小物類まで含めて要チェックです。

トラベル用品が充実しているのもイノベーターの魅力。

※このページに記載した商品価格は2019年3月現在の参考価格です。価格は変更になる場合がございます。詳しくはメーカーにお問い合わせください。

ソフトとハード 決められない人はこれで行こう！
7 ハイブリッドキャリー
Hybrid Carry（トリオ）

　スーツケースはソフトがいいか、ハードがいいか。それぞれに短所長所があり、一概には決められませんが、2つのいいとこ取りをした製品ってないの？

　あります。

　「イノベーター」ブランドの「ハイブリッドキャリー」シリーズです。背面部分はウレタン樹脂（TPU）を使った耐久性の高いハード、前面側は1680デニールという強度の高いナイロン素材を使ったソフト。まさにハイブリッドのキャリーケースです。

　ソフトケースの一番のメリットは機能性の高さにありますが、「ハイブリッドキャリー」は前面がソフト。2つのフロントポケットが設けられていて、便利にモノの出し入れが可能です。

　最近はハードケースにもフロントポケット付きの製品が増えているとはいえ、ハードの特性上、いかんせんポケットにはあまりゆとりがありません。その点、この「ハイブリッドキャ

ソフトとハードのいいとこどり。機内持ち込みサイズは1万7064円、56リットル3.4kgのサイズは1万9224円(すべて税込み)。

リー」のポケットはマチがたっぷり取ってあるので収納量が多い。

　そして背面はハードケースゆえに、大きくフタを開いてモノの出し入れができるし、大事なものはハード側に入れれば安心安全。衝撃にも強いです。

　色は黒とネイビーのみ。赤のステッチは可愛いですが、全体としてのデザインはかなりメンズ寄り。とはいうものの、機能性を追求するなら女性でも選択肢のひとつとして考えたい。使い勝手のよいスーツケースではないでしょうか。

こんなに静かなスーツケースがあるなんて！

8 フリクエンター
FREQUENTER（エンドー鞄）

　スーツケースを引いているとき、何が一番いやかといえば、ガタゴトとうるさい音が続くこと。早朝に旅立たなければならないときなどは、この音で近所の人が起きてしまうのではないかと心配になります。しかし、さすが改善・改良に情熱を注ぐモノづくり・ニッポン。スーツケースの静音化が著しく進み、サイレントキャスターと銘打った商品が続々登場しています。

　売り場で見かけるたびに実際あれこれ引いて試してきましたが、そのあまりの静かさに驚愕したのがエンドー鞄の「フリクエンター」。「驚愕」と書きましたが、これはうそ偽りのない感想です。それほど静か。

　圧倒的な静音は、特許を取得した二重構造のキャスターに秘密があります。

　「この技術を持つ会社と手を組み、従来よりも振動を70％抑えたキャスターを実現させました。でも最初は売れなかったんですよ。売り場にただ置いているだけでは効果がわかりませんからね。ある販売店さんが、売り場の

床にデコボコ板を置いて、走行音の静かさを体験できるようにしてくれたことで一気に人気が出ました」(企画部部長の岡田亮仁さん)。

　そう、「フリクエンター」のすごさは実際に体験してみるのが一番。気になる人は売り場に走りましょう。

　なお走行で消耗したキャスターは、誰でも簡単に交換できる交換キットが別売りされています。もっとも、相当頻繁に使用する方でもない限り、そう簡単にキャスターが消耗することはないそうなのでご安心を。

　「フリクエンター」は進化を続けていて、フロントポケット付き、ストッパー付き、4面オープン型などバリエーションが拡大中。エンドー鞄はもともとビジネスバッグに特化した会社なので、機能性の付加はお手のものなのです。静かで使いやすいなら申し分ありません。女子向けデザインが増えるともっとうれしい。

USBポートがついたフリクエンターマーリエ。機内持ち込みサイズで2万3760円(税込み)。

※このページに記載した商品価格は2019年3月現在の参考価格です。価格は変更になる場合がございます。詳しくはメーカーにお問い合わせください。

> 品質と保証期間の長さで選ぶなら……

9 ディパーチャー
departure（アジア・ラゲージ）

　スーツケースの平均的な保証期間をご存知ですか?

　だいたい2年から3年。長くて5年。それがこれまでのスーツケース業界の常識でした。

　ところが、10年という長期にわたる保証期間を打ち出している会社もあるのです。それがアジア・ラゲージ。16年前に生まれた比較的新興のスーツケースメーカーです。

　アジア・ラゲージが10年保証しているのは「ディパーチャー」シリーズ。「業界初の試みなので、最初はびっくりされましたね。故障箇所については、ほとんどの内容をほぼ無償で10年間修理を受け付けています」（特販営業部の横山さん）。

　10年の長きにわたってひとつのスーツケースを使い続ける人はそう多くないかもしれませんが、保証されているとやはり安心。技術に自信があるから実現できたサービスでしょう。

　ちなみにスーツケースの内側にはシリアルナンバー付き。この番号

さえ告げれば、アフターサービスも迅速です。

「商品を買ったらタグを捨ててしまう方がほとんど。その場合は型番がわかりませんが、シリアルナンバーがあればこちらも管理しやすい。ロットで管理しているので問題がもしあるということがわかれば次の生産ですぐ対処できます」

実際、「ディパーチャー」シリーズを見てみると「安心」を担保する技術がいくつも盛り込まれています。筆頭がYKK社製のWコイルファスナー。ファスナータイプのスーツケースに対して「ナイフなどで引き裂かれてしまうのではないか」と安全面に不安を持つ日本人が少なくありませんが、その点、「ディパーチャー」のWコイルファスナーはシングルコイルのファスナーよりもずっと引き裂きにくい。心配性の日本人向きといえるかもしれません。

安心安全の10年保証。「ディパーチャー」ワンタッチストッパー付き機内持ち込みサイズは3万2400円（税込み）。

※このページに記載した商品価格は2019年3月現在の参考価格です。価格は変更になる場合がございます。詳しくはメーカーにお問い合わせください。

10 ZÜCA

座れる！丈夫！個性派！

ZÜCA（ネクストワンスポーツプロダクト）

　旅行中には頻繁に「待ち時間」が生まれます。

　空港で搭乗を待つとき、旅行先でバスや電車を待つとき、ホテルでチェックインを待つとき。ああ、ちょっと腰を掛けたいなと思うのは私だけではないでしょう。

　しかし探せばありました。アメリカ生まれの座れるスーツケースブランド「ZÜCA」です。体重136kg以下の人なら誰でも座れてしまうのはアルミ合金フレームゆえ。そのため軽くはありません。

　機内持ち込みサイズでも重量は4.2kg。機内に本当に持ち込もうとすれば衣類など軽い荷物に絞り込む必要がありますが、「ZÜCA」にはそうした重さを補ってあまりある利点がいくつもあります。

　ひとつはシリーズによっても違いますが専用ポーチが充実していること。「Travel」タイプには4種類5個のポーチとTSAポーチ（機内に手荷物として液体物を持ち込む際に必要なポーチ）が付いてきます。これを使えば不器用な人

でも収納下手でも、誰でも効率よく見た目良く荷物を整理できます。

　ごつく見えますが走行時には静音なのも「ZÜCA」の長所。ポリウレタン製の大型ホイールを搭載しているので、2輪とはいえ楽に静かに走行できるのです。

　アメリカの製品の色出しはどうしても派手でベタになりがちですが、「ZÜCA」には日本だけで販売しているマットブラック塗装の「Japan Edition」あり。渋いです。

　ひと目を引く超個性的な外観も利点といえば利点。人気が出ているとはいえ、まだメジャーではありません。渋くて座れて頑丈で機能的な「ZÜCA」を試してみる？

日本限定の「ZÜCA PRO KÜRO-LÜX Travel」は
4万6440円（税込み）。

悪い道でも楽々移動の大型ホイール

11 イーグルクリーク
eagle creek（エイアンドエフ）

アウトドア製品は旅行でもっと利用されてもいい、私は前々からこう考えていました。

耐久性があって機能的で、最近はデザイン性が高いアウトドア製品も増えています。別にアウトドアには興味がないとか、辺鄙な場所を旅行するわけではないという人にとっても使い勝手がいい製品が多いのです。

例えば、ここで紹介するイーグルクリークの「ORVトランク」。見た目は超ごつくて「ザ・アウトドア」な仕様ですが、これは旅行時には本当に使えます。まず二輪のホイール。

「ホイール自体が大きいので凸凹の道でも楽に移動できます。二輪よりやはり四輪の方がいいという人が多いけれど、道の悪い場所で使うならこういった大型の二輪の方が使いやすい。ストレスなく移動できます」と教えてくれたのはイーグルクリークブランドを扱うエイアンドエフのプロダクト部・我田文哉さん。まったくの同感です。

「道の悪い場所」は大都市でもよく見かけます。アジアの場合、バン

コクのように大都市であっても道ががたがたでろくに整備されていないという場所は珍しくありません。そうした場所に旅行に行くときにはあえて二輪を選ぶのもアリです。

特大フロントパネルが大きく、がばっと開いて荷物の出し入れができるのもいい。もともとがアウトドア製品なので、汚れた靴を入れる専用ポケットも付いています。

取っ手が多い「マルチグラブハンドル」もさすがの設計。キャスターがついている下部以外にはすべて取っ手がついています。ターンテーブルでも取り出しやすいし、飛行機の荷物棚にしまったり、取り出すときにも便利。利便性の高い仕様なのです。

「ORV」モデルには、キャリーオン（35.5リットル）からトランク26（79リットル）、トランク30（97リットル）、トランク36（128.5リットル）があります。どれも機能性、耐久性は申し分なし。オシャレな旅行にアウトドアブランドのリュックで出かけてみませんか。

靴も入れられるポケット付き。頑丈で機能的。「ORVトランク30」は3万7800円、「ORVトランク36」は4万3200円（税込み）。

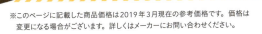

※このページに記載した商品価格は2019年3月現在の参考価格です。価格は変更になる場合がございます。詳しくはメーカーにお問い合わせください。

> ポケットにこだわりたい

12 Wフロントポケット
PANTHEON（アジア・ラゲージ）

　フロントポケット付きハードケースが珍しくなくなったいま、ここでなぜ私が「パンテオンWフロントポケット」を取り上げるのかといえば、この商品名からわかるようにポケットが「W」になっているからです。

　ポケットが2つ。それでいてハードタイプのスーツケース。これは業界初の試みです。

　2つのポケットを実現したのはアジア・ラゲージ。「売り場に自社の販売員を派遣し、そこから得られるお客様の声を商品開発に反映していますが、『フロントポケットは便利だけど、小さいモノはどうしても下にたまってしまうので不便だ』という声に注目して開発したのがこの製品です」(商品企画部の庄司さん)。

　ポケットをただ増やしただけ、というなかれ。このWポケットを実現するにあたり、アジア・ラゲージではポケットとボディシェの金型を

別々に制作しています。

　よく見るとわかりますが、上のポケットを手前までぐいと引いて開けられるように、ファスナー面が独特のカーブを描いています。ポケットにこの屈曲を出したことで、手が入りやすく、奥までモノを詰めることができるわけです。

　Wポケットの上部ポケットは、奥のファスナーを開けるとメインルームとつながっています。ノートPCや資料をサクッと取り出したいというニーズを汲み取った設計なんですね。2万円前後の販売価格だなんてコストパフォーマンスが良すぎます。

　中型サイズのメインルームにはエクスパンダブル機能付き。ファスナーを広げると容量約54リットルが59リットルに増えます。いつもお土産を買い込みすぎの人は要チェック。

　アジア・ラゲージは、ユーザー視点の工夫が施されたスーツケースをたくさん開発しています。重さ2.6kgで容量40リットル、10色のカラーバリエーションを展開している機内持ち込みサイズの「マックスボックス」にも惹かれました。

　このブランドを知らなかったという方は、ぜひご注目を。

ハードのスーツケースにポケットが2つも付くなんて技術革新に拍手。機内持ち込みサイズ(PTS-6005) 2万2680円(税込み)。

③ それぞれに長短あり

レンタルするか、買うべきか

　スーツケース、買っていますか？ それともレンタルしていますか？ 私はレンタルの経験は3回あります。現在は購入派。レンタルしないのは旅行によく行くからというのが一番の理由ですが、それだけでもありません。

　買う場合とレンタルする場合とのメリット・デメリットを挙げてみましょう。

> **買う場合**
>
> 〈メリット〉
> - 好きなブランドや色、柄、サイズが選べる
> - 好きにカスタマイズできる
> - 自分のモノという喜びが得られる
> - どのくらいの荷物が入るかをイメージしやすい
>
> 〈デメリット〉
> - 初期投資がかかる
> - 置き場所に困る

レンタル料金は2泊3日で3000円〜、7泊8日で5000円〜。買うよりは安いとはいえ高頻度で利用すると買ったほうが安いともいえます。それでも、毎回違うブランドを利用したり、手が出ないブランドを利用できるというメリットは大きいです。

　一番のメリットといえるのが、旅行の日数に応じてスーツケースを選べることでしょう。あるときには3日間、あるときには10日間。それぞれの旅行に必要なスーツケースの大きさは異なります。

　それらをすべて購入して家に置いておくとそれなりに場所も必要になる。フレキシブルにスーツケースを利用できるのはレンタルならではの利点です。

レンタルする場合

〈メリット〉
- 置き場所に困らない
- 気になるブランドのお試しができる
- 短い利用日数なら安く済む
- 高級ブランドも利用できる
- 旅行の日数に応じてスーツケースを選べる

〈デメリット〉
- 借りる手続きが面倒
- 好みのスーツケースが借りられるとは限らない
- 利用日数が増えると割高になる
- カスタマイズできない
- どのくらいの荷物が入るのか現物を見てみないとわからない

　が、パッキングのことを考えると買ったほうがいい、というのが私の意見。メリット・デメリットのところにも書きましたが、使い慣れていないとモノを詰めるときにまごつくことが多いからです。特徴や使い勝手がよくわかっているスーツケースを使った方がパッキングはスムーズ。もちろん、一度買う前にレンタルでお試しするというのはおおいにアリだと思います。

　ちなみに私の場合、機内持ち込みサイズのスーツケースを2つ、70リットルのスーツケースを2つ。さらに90リットルのアウトドアのリュックサックをひとつ持っていますが、1週間未満の旅行ならすべて機内持ち込みサイズで済ませるのが私の主義。たためるポケッタブルなサブバッグは持っては行くものの、工夫すればほぼ機内持ち込みサイズで事足りる。買っておくとスーツケースのクセもわかるし、愛着も増しますよ。

日本人はハード好きと言われるけれど

究極の選択
ハードがいいのか、
ソフトでいくのか

　空港で観察していると、海外旅行に旅立つ日本人の多くはハードタイプのスーツケースを利用していることがわかります。逆に外国人は案外、ソフトタイプのスーツケース、しかも巨大なサイズを利用していることが多い。

　ハードがいいのか、ソフトで行くのか。難しい判断ですが、まずは両者のメリット・デメリットを把握しましょう。

> **ハードタイプ**

〈メリット〉
- 耐久性が高い
- 中のモノが壊れにくい
- ナイフで切り裂かれる心配がない
- 高級感がある
- 旅行気分をかきたてられる
- ステッカーやシールを貼って、自分のオリジナルに仕上げることができる
- 有名ブランドが多い
- 四輪付きなので移動しやすい
- レンタルの種類が多い

〈デメリット〉
- 機能性に欠ける
- 使うときには観音開きなので、ホテルで場所を取る
- ソフトケースよりも重いことがほとんど
- 重量があるため空港で乱暴に扱われがち
- 使っていくうちに傷や凹みが目立ってくる
- 価格が高め

　安全性についていえば、ハードだから絶対に安心とはいえません。被害にあうときにはソフトでもハードでもやられてしまうのです。

　上記の材料をもとにスーツケースを選ぶことがどうしてもできない人は、ざっくりこう考えましょう。

- **機能を重視するならソフト**
- **デザインや旅の気分を重視するならハード**

ソフトタイプ

〈メリット〉
- 機能的
- 軽量
- 柔軟性がある化学繊維の生地を使っているので荷物がそれなりに収まる
- 片面開きなので、ホテルで場所を取らない
- 比較的安い
- 肩にかけたり背負えるタイプもあり

〈デメリット〉
- ナイフで切り裂いて中を開けることができる
- 振動や衝撃で、中のモノが壊れる可能生がある
- デザインバリエーションが少なく、選ぶ楽しさにやや欠ける
- 他人のケースと混同しやすい
- 水に弱い
- 二輪タイプは小回りが効かない

　日本人はハードタイプばかり、などという評判を気にすることはありません。大事なのは自分がどんなスーツケースで旅立ちたいかです。納得できるスーツケースを選びましょう。

> 5　素材についても軽く知っておきたい

材質で決める
（ABS、ポリカーボネート、アルミ、バリスティックナイロンなど）

　材質だけでスーツケースを決める人は少数派かもしれませんが、材質についてのカンタンな知識は持っておいた方がいい。選ぶ時のひとつの目安になるからです。

　以下、主な材質の特徴を紹介しましょう。

ABS樹脂

　ポリスチレンの耐衝撃性を改良するため開発されたプラスチック素材で、加工しやすく、耐衝撃性・耐熱性・難燃性に優れています。一昔前には主流でしたが、重くなるというデメリットがあるため、最近は利用が少なくなりました。

ポリカーボネート

　BS樹脂よりもさらに強度や柔軟性が高く加工形成しやすい素材です。薄いので軽量ですが、非常に丈夫。価格はABS樹脂よりは高くなります。「リモワ　エッセンシャルライト」「ルーベリカキャリー」「ディパーチャー」「ハントマイン」がこのタイプ。

スーツケースは耐久性を確保しながら、どんどん軽量化しています。いつか1kgを切るタイプも登場する!?

ABS+ポリカーボネートの混合樹脂

現在のスーツケースの主流はこの混合樹脂。両者の良いとこどりで、軽くて衝撃につよくて頑丈。バランスが良い素材です。価格もポリカーボネートよりは安め。「イノベーター」や「マックスボックス」がこのタイプ。

アルミニウム合金

アルミニウムを主成分とする合金で非常に強度な素材。「リモワ」はアルミニウム製で名を馳せ、後にマグネシウムとの合金タイプ「トパーズ」でブレイクしました。

バリスティックナイロン

軍事用に開発されたナイロン生地で強度、防水性が非常に高いのが特徴。「TUMI」が有名です。

ヴァルカナイズド・ファイバー

木材パルプや綿を原料として作られた自然素材。優れた強度や耐久性を持ち、自然素材ならではの温かみもあります。セレブ御用達ブランドの「グローブ・トロッター」が代表格。

6 スーツケース選びの基本はこれ！

容量・日数で決める

　スーツケースを買い求めるとき、一番わかりやすい基準は容量でしょう。

　容量の目安はおおよそ1日10リットルとされています。つまり、宿泊日数×10リットルが、その旅行に適正なスーツケースの容量となります。いわゆる業界の相場ですね。

- **1泊2日の旅行**..35リットル前後
- **3泊4日の旅行**..45〜50リットル
- **1週間ほどの旅行**..60〜85リットル
- **10日以上の旅行**..85リットル

　しかし、これはあくまで目安に過ぎません。私自身、1週間程度の旅行であれば機内持ち込みサイズ（35リットル前後）のスーツケースで出かけています。

　そのサイズにこだわるのは、いろいろと楽だから。チェックインの手続きも簡単です。すべてではありませんが、LCCであればおおむねプリントしたEチケットだけでそのまま搭乗できます。

　目的地に到着した後も便利です。ターンテーブルで荷物を待つ時間も必要ないし、ロストバゲッジの心配も不要。タクシーに乗車するの

もスムーズです。

　1週間以上の旅行になると、さすがに機内持ち込みサイズでの旅立ちは諦めていますが、それでも85リットルという大きなサイズで旅立ったことはほとんどありません。あまり荷物に振り回されたくないし、サイズが大きいと街の移動も面倒くさいとついつい考えてしまうからです。以前、大きなスーツケースを持ってタクシーに乗ろうとしたら乗車拒否されたことがありました。小さくて軽い方が何かと楽なのは確かです。

　しかしこれはあくまで私の意見。お土産を買うときにスーツケースのスペースを考えて躊躇したくないという理由で大きなサイズを買い求めるのも楽しいと思うし、現地で洋服をあれこれとっかえ、靴もたくさん持っていくという旅も（私はしないけど）女子っぽくていいなとも思います。

　序章でも述べましたが、スーツケース選びにはあなたの旅の価値観が表れます。業界の基準はあくまで参考程度にどうぞ。

7 フレームの方が丈夫って本当?

フレームがいいのか
ファスナーでもいいのか

　ハードタイプのスーツケースの開閉方式は2つあります。ひとつはフレーム式、ひとつはファスナー式。フレームを好む人は「ナイフで開けられたりしないから」を理由にしますが、過信はできません。

　ファスナー式にも良い点があり、フレーム式にもデメリットがあるのです。それぞれの特徴を挙げてみます。

〈フレーム式〉
- 中身をがっちりガードする
- 横からの衝撃に強い
- 心理的な安心感が高い
- 開け締めが比較的簡単
- ファスナー式よりも重くなる
- 開閉には場所を取る

〈ファスナー式〉
- 軽い
- ファスナーをすこしだけ開けて荷物の出し入れをすることも可能
- ファスナー部分から雨が染み込む可能性がある

挙げてみるとフレーム式の方が利点が多いように思えます。が、くどいようですが、被害に合うときにはフレームであろうとファスナーであろうと関係ありません。フレーム式の安心感とはあくまでも「心理的」なものなのです。

でも、自分自身が安心することは非常に大事。心配しながら旅立つのはおすすめできません。そこで、以下のように考えてみてはいかがでしょう。

- **セキュリティ重視で多少重くてもいい**
  → **フレーム式**
- **軽さ重視**
  → **ファスナー式**

衝撃を吸収しやすいファスナーの方がスーツケースが壊れにくいという説もあり。

しっかり中身を保護したい、お酒や割れ物をよく買うという人はフレーム式を。

8 スイスイ進むのはどっちだ

キャスターで決める
あなたは二輪派？ 四輪派？

　キャスターのクオリティが低くて、過去に大変な思いをしたことがあります。石畳の街をスーツケースを引いて歩いたところ、キャスターの滑りが悪く、まったく思うように進めなくなりました。悪戦苦闘したあげく、その街への恨み節が口から飛び出す始末です。

　石畳という悪条件があったとはいえ、同行者のスーツケースは走行に何の問題もなし。キャスターの出来が悪いとストレスがたまって旅の印象が悪くなることを痛感しました。

　このようにキャスターというのはスーツケースを決める上で重要な要素。二輪か四輪かによっても長短があり、好みが分かれます。

　ではそもそもどんなキャスターがいいのか。わかりやすい見方としては、大きい車輪であればあるほど回転数が少なくなるため摩擦が少なく、持ちが良くなります。つまりずっとスムーズに走行できる。

　もっとわかりやすい判断基準がキャスターのブランド名です。スーツケース売り場に行くと、「日乃本錠前のキャスター使用」と書かれたPOPを目にしませんか。

　この「日乃本錠前」こそ日本が誇るキャスターのブランド。鞄やスー

ツケースなどで使用する南京錠やランド錠、シリンダー錠からキャスターなどのパーツを開発している専門のメーカーです。「日乃本錠前」のキャスターは消耗が少ないため、長く引いていてもストレスを感じることがありません。ここの製品なら問題は少ないというのが業界の定説です。

　静かな音が好みなら静音をアピールしているキャスターを選ぶのもいいですが、必ず実際に引いてみましょう。走行ボードがある売り場で試すと確実です（96ページ参照）。

　二輪か四輪のどちらがいいのか。これについては、四輪を押す人の方が世間的には圧倒的に多いようですが、私は二輪も嫌いではありません（どちらも持っています）。

　一般に言われている四輪のメリット・デメリットは次の通り。

四輪の場合

〈メリット〉
- 垂直のまま走行できる
- 自在に動く
- 小回りが効く

〈デメリット〉
- 壊れやすい
- 道の悪いところでは移動しづらい
- ストッパーがないと坂や電車の中で動く可能性あり

一方、二輪のメリット・デメリットは次のようになります。

> **二輪の場合**
>
> 〈メリット〉
> - 走行が安定する
> - 中に衝撃が伝わりにくい
> - 道の悪いところでも移動しやすい
> - 大型キャスターが使われていることが多い
>
> 〈デメリット〉
> - 一方向にしか走行できない
> - 斜めに傾けた形でしか走行できない

安定した走行や悪い道での利用が多いという人は二輪を、自在に動かせる点を重視する方は四輪といえそうです。

大型ホイールの二輪タイプは実は非常に走行しやすい。四輪全盛の風潮には異議申し立てたい。

9 スーツケースオリジナル化計画

ターンテーブルで即キャッチ！
カスタマイズのすすめ

　ターンテーブルで他人と荷物を間違うことなく自分の荷物をすばやく見つけ、即キャッチしたら空港を後にする。それにはスーツケースを目立たせるしかありません。

　スーツケースを個性派に仕立て上げるには以下の方法があります。

1 スーツケース自体、ユニークなモノを選ぶ

　探せば変わった柄のスーツケースはいろいろあります。ホルスタイン柄、世界地図柄、ダメージを受けたようなフォルム（132ページ参照）など、あまり人とかぶらないスーツケースを選んでおけば、ターンテーブルで迷うことも人から間違われることもありません。

　そうはいっても空港で目立つためだけに変わった柄を選ぶのは抵抗があるという方には、2以下の方法をおすすめします。

2 スーツケースベルトをつける

　ベルトのバリエーションが増えているので、その中から気に入ったものを選んでスーツケースにつければ、か

なりの差別化になります。

　スーツケースベルトをつけるのは「いかにも日本人的で」と敬遠する向きもありますが、私はつける派。地図や飛行機柄などを選んでスーツケースのアレンジを楽しんでいます。

3 シールやステッカーを貼る

　旅を感じさせるシールやステッカーを貼ると、スーツが他の誰のモノとも違う自分オリジナルのデザインに変化します。ただし粘着性の高いステッカーを選ばないと、すぐにはがれてみっともなくなる危険あり。そこだけ注意してアレンジを楽しみましょう。

4 スーツケースカバーをかける

　ポリエステルとスパンデックスを混紡した伸縮性のある生地でできた派手目のスーツケースカバーをかけると、平凡な黒やネイビーのスーツケースがいきなり個性派に変身します。

　探すと面白いデザインはたくさんあって、寿司、ネコ、飛行機、アニメのキャラクター、切手、浮世絵などよりどりみどり。エアラインのサイトでもオリジナルスーツケースが販売されています。私が気になっているのはエールフランスがネットショップで販売しているオリジナルカバー。このサイトではパフューム付きポーチやネックピローも販売中。うっとりするラインナップです。

5 バゲッジタグをつける

スーツケースのハンドル部分にタグを付けておくだけで目印になります。ひとつでも構いませんが、2つ以上つけるとさらに目立ちやすくなります。100円ショップでも売っています。このタグと2のスーツケースベルト、さらには3のステッカーでカスタマイズはほぼカンペキです。

6 スーツケースにオリジナルプリントを施す

これは究極のカスタマイズ。自分の好きなイラストや写真をスーツケースにプリントするサービス「A.L.I UV PRINT」を実施しているのが98ページでも紹介したアジア・ラゲージ。対象は同社のハードキャリー。オリジナルのデザインやイラスト、画像を持ち込めば、1週間ほどで完全オリジナルスーツケースを手にできます。

UVプリントの担当者によれば「2018年夏から始めたのですが、好評ですね。一番多いオーダーはペットの写真。チームでお揃いのスーツケースにしたいというご依頼も目立ちます」。

価格は基本料金4000円、印刷代は4000円〜。プリントの印刷範囲は最大60cm×40cm。もちろん持ち込む画像やイラストは著作権に抵触しないオリジナル限定です。

申込みができるのはアジア・ラゲージの直営店。東京・北千住、大阪・難波、神奈川・座間の3店の店頭で受付中。直営店に近い方は世界にただひとつのスーツケースを検討してみては。

10 旅行に行かないときはどうする

日常での扱いを考えて決める

　旅行というのは非日常のイベント。私たちの生活のほとんどは日常で占められています。したがって、ハレの日の道具であるスーツケースは日常生活の中ではどうにも始末に困ります。中に洋服などを詰めてしまっているという方が大半だとは思いますが、数台あるとやはりジャマだし、クローゼットの中で場所を取ります。

　もっとうまい利用方法がないものか。一番いいのはインテリアとして割り切って利用してしまうこと。

　ただし、それには条件があります。インテリアとして映えるスーツケースだという条件です。もし置き場所に困っているなら、購入するときに「インテリアとして映えるか否か」を条件のひとつとして選ぶのがいいでしょう。

　最近のスーツケースには安くてもデザイン性が高いモノが増えているので、そのまま置いてもサマになる製品はたくさん見つかると思います。私がいいなと思うのは先に紹介したイノベーターのスーツケース。セレクトショップが店のディスプレイのアクセントとして使っているスーツケースなので、デザイン性はばっちり。ラブリーな部屋な

らキャスターカバーがついたエースの「ハント マイン」もいい。椅子としての機能もある「ZÜCA」もインテリアの一部として使えそうです。ハードなデザインながらスタイリッシュですからね。

　思い切りレトロなトランク風のスーツケースを置くという方法も考えられます。例えば、HOKUTANの「アリュール」シリーズは、ヴァルカナイズド・ファイバーを素材とした上品なスーツケース。

　ヴァルカナイズド・ファイバーといえば、あの高級ブランド、グローブ・トロッターも使っている素材。ヌメ革を使って仕上げたハンドルやコーナー、綿麻で仕上げた内装生地など細部まで洗練されています。

　機内持ち込みサイズで3.9kg、価格は8万円近くというのはハードルが高いけれど、グローブ・トロッターよりはずっと安い（正直、見た目はあまり変わらない気が）。このスーツケースを買ったら、それにふさわしい部屋にしなくてはとインテリアに力が入るかも。

　複数のスーツケースを部屋に置く場合には、タテに置くのではなく、横にして重ねるスタイルもおすすめです。やってみると意外なほどにスタイリッシュ。ちょっと場所を取るのと、下に重ねたスーツケースのモノの出し入れがしづらいのが難点ですが、めったに使わないモノを下段に入れておくと決めておくといいかも。

エレガントなHOKUTANの「アリュール」シリーズ。機内持ち込みサイズで7万4520円（税込み）。

11 ひとつ増えれば大違い

キャリーバーは1本、それとも2本?

　スーツケースに付いている伸縮自在のキャリーバー。1本タイプと2本タイプがあることにお気づきでしょうか。見た目が違うだけ、ではまったくなくて良し悪しがちゃんとあります。

　1本タイプはスマートに見えます。本体内側に食い込む体積が少ないので、容量はその分多めになり、2本タイプよりも軽量になります。

　が、いいことばかりではありません。2本タイプのように上にバッグの取っ手をかけてそのままスーツケースごと移動するという技が不可能なのです。60ページで紹介した100円ショップで売っている「手荷物固定ベルトバッグ」のような道具を使えばなんとかバーに荷物をかけられますが、不安定といえば不安定。

　その点、2本タイプのバーなら問題なく荷物の取っ手をかけられます。ただし、バーの体積分、本体の容量が減ってしまうのは仕方がない。スマートさや軽量性を優先するなら1本タイプ、荷物を必ず上につけたいという方は2本タイプがおすすめです。

スマートに決めるなら1本タイプ。軽くて容量も多くなる。でも上に荷物を置きづらくなることは忘れずに。

標準的な2本タイプ。安定性が高く、上に荷物を置いて運びやすいのは便利。実益を取るならこちらかも。

12 サイズの厳格化は止まらない

機内持ち込みサイズに要注意

　機内に預け入れしたり、そのまま持ち込む荷物のサイズは、航空会社によって明確にレギュレーションが設けられています。

- **国際線の預け入れ荷物**............ 高さ＋幅＋奥行き≦158cm
- **国際線の機内持ち込み荷物**..... 高さ＋幅＋奥行き≦115cm

　いずれも、ハンドル部分（収納時）やキャスターも含めた数字です。

　この数字さえ守っていたら大丈夫？　いえいえ、エアラインによっては厳しく注意され、別料金を取られるかもしれません。

　というのも機内持ち込み荷物は三辺の和が115cm以内という条件に加えて、それぞれの数字が明確に決められているのです。

機内持ち込み荷物の三辺の規定数字
高さ55cm以内＋幅40cm以内＋奥行き25cm以内≦115cm

　売り場で「機内持ち込みサイズ」と表示されている製品を選べば、ほぼ確実に持ち込めます。

「ほぼ」というのは例外があるから。ジェットスターは他のLCCよりも機内持ち込みサイズに厳格で、独自に次のように規定しています。

> 高さ56cm以内＋幅36cm以内＋奥行き23cm以内≦115cm

いかがでしょう。幅は36cmまで、奥行きは23cmまで。通常の機内持ち込み荷物のサイズをクリアしているから大丈夫だと思ったら、ジェットスターでは問題になるかもしれないのです。

私の経験から言うと、LCCは重量に敏感ですが、海外の空港ではあまり厳しくチェックされたことがありません。問題になるのは日本の空港でチェックインする場合です。そこで咎められてしまうと料金を払って預け入れしなくてはならないし、気分も悪い。せっかくの旅行がだいなしです。

ジェットスターをよく利用するという人はこの範囲内のスーツケースを必ず選びましょう。

なお、重量やサイズの厳格化はこれからも続くと思います。多少だから大丈夫、そううるさいことを言われないだろうという過信は禁物です。フルサービスキャリアも燃料費削減のため、重量にはどんどん厳しくなっています。

LCCだから、普通のエアラインだからと考えずに、スーツケースの重量やサイズにはシビアな姿勢でのぞみましょう。

13 スーツケースは見た目が8割!?

気分が上がる！
可愛さでスーツケースを選ぶ

　もし見た目だけでキャリーケースを選んでみたら？　気分が上がることだけを条件にスーツケースを買うとしたら？

　自問自答して「これは！」と思えるスーツケースを集めてみました。異論はあるかもしれませんがまずは見てみて。可愛さにハッとするはずです。

ルーベリカ「ルーベリカキャリー」

　すでに86ページで熱弁をふるいました。旅や出張のお供に持っていけば、自分が「できる女」（でも可愛げあり）に思える魔法（？）付きのスーツケースです。

エース「ハント マイン」

　こちらも90ページで取り上げました。「大人のラブリー」を色と形、機能に落とし込んだ仕上がりは旅の気分を盛り上げます。アネモネレッドは特にボディの色と内装の組み合わせがキュート。旅行時でなくても手元に置いておきたくなるスーツケースです。

MILESTO「ハードキャリーキャビンサイズ」

　ニュアンスカラーとちょっと丸みのあるフォルムが可愛い。パリのアパルトマンの壁紙を思わせるフレンチシックな内装プリント地も洗練されています。アンティーク調のプレートはホテルのドアをイメージしたとか。細部まで考え抜かれています。ストッパー付きなのも助かります。キャビンサイズは2万9160円（税込み）。

シフレ「ユーラシアトランクケース」

　見ただけで心がワクワクするレトロなトランク型のスーツケース。ベルトに見えて実際はマグネットで開閉できたり、キャスターが本体の外側に取り付けてあるので走行しやすかったりと、レトロな印象に収まらない機能性も魅力。機内持ち込みサイズで26リットルしか入りませんがそれでもいいやと思えます。可愛さに脱帽。機内持ち込みサイズは1万6200円（税込み）。

14 ひと目を引くこと間違いなし

変わり種スーツケースはいかが？

　この章の最後に、変わり種のスーツケースを紹介しましょう。といっても現実味のあるユニークさ。ひとつ持っておいても楽しいかもと思わせるスーツケースです。

　1つ目は「クラッシュバゲージ」。何がクラッシュかというとボディがすでに凹凹にクラッシュしているスーツケースです。ハードタイプのスーツケースは長く使っているうちにどうしても表面が凹凹してきますよね。だったら最初からそれをデザインに取り入れてダメージ加工してしまえというアイデアが楽しいです。

　「クラッシュバゲージ」はイタリアのブランド。明るいカラーリングはいかにもイタリア。このスーツケースがターンテーブルに流れてきたら注目されること間違いなし。

　もっとも表面がクラッシュしているとはいっても、スーツケース自体はポリカーボネイト製で耐久性はばっちり。陽気でタフなイタリアンスーツケースです。

　2つ目は、カナダ生まれの「ハーシェルサプライ」のスーツケース「TRADE」です。「ハーシェルサプライ」のリュックは日本でも人気を集

めていますが、スーツケースが出ていると知って、実物を見たときには興奮しました。意表を突く縦長のフォルムとデザイン性の高さで目を引くスーツケースなのです。

　MとLサイズはむだな贅肉を削ぎ落としたスリムなボディながら、下に行くにしたがって厚みを帯びる独特の形状がひと目を引きます。無地もいいけど、カモフラ柄は変わり種のカテゴリーで紹介しては申し訳ないほどオシャレ。

　でも、持っている人はまだそう多くないので、これを入手したら間違いなくセンスの良い「変わり種」でしょう！

凹凹の外観がチャーミングな「クラッシュ」（左）と、印象的なカモフラ柄とフォルムが光る「ハーシェルサプライTRADE」（右）。

COLUMN #3

進化するスーツケース

　最近のスーツケースはITを駆使してさらに進化を遂げています。まず最初にご紹介したいのが、完全自走式のスーツケース「トラベルメイトロボティクス」。R2D2のように持ち主の歩行速度に合わせて最高速度9kmで自動追跡する機能にはびっくり。その他にもスーツケースの重量をスマホアプリで確認したり、付属のGPSタグでスーツケースの位置を追跡したり、スマホを使ったロックの施錠・解錠も自由自在。愛犬みたいに後をおいかけてくれるスーツケースは可愛くて仕方がなくなるかも。

　お次が、キックボードとして使えるスーツケース「Scooter」です。スーツケースの底部についているボードを倒せば、そのまま乗って移動できます。

　難点は重いこと。容量26リットルで5.3kgはちょっとヘビー。でも、これも町中や空港での注目度はバツグンでしょう。

　最後が「G-RO」。荷重の重心を車輪の中心に近くに置き、ケースとホイールを一体設計にした軽量の車輪は、どんな道でもスムーズな歩行を可能にするとか。

　これらはいずれもアメリカ発。スーツケースの革新に飽くなき情熱を注ぐアメリカ人に拍手！

CHAPTER
4

いざ収納！
収納術を極めよう

慎てない、焦らない。合理的かつ効率的に、
旅支度にかかりましょう。

TECHNIQUE 01

内容物の重さを知る
（1つあたりの洋服、日用品、ガジェット類の重さ）

　スーツケースに入れる荷物の重さを把握していますか？ フルサービスキャリアで荷物を預け入れする場合には、エコノミークラスで20kg〜30kgまでOKなので、重さについてはたいして気にする必要がないでしょう。

　問題は、機内持ち込みの荷物だけで旅行に行く場合。アイテムごとのだいたいの重さを知っておくと、服や下着を何枚持っていくことができるのかわかります。特に重量がありそうなアイテムは知っておきたい。CHAPTER2でも一部紹介しましたが、LCCは通常、機内持ち込み荷物の重さの上限を7kgに設定しています。仮にデニムを1本、半袖と長袖のTシャツを1枚ずつ、コットンのシャツ1枚、夏用のロングスカート1枚、パーカー1枚、下着（上下）を3セット、水着1着、タンクトップとキャミソールを各1枚、靴下を2足、ベルト1本、ハンカチ3枚、ビーチサンダルとパンプスを各1足を詰めたとしましょう。これだけで約4kg。洋服だけで上限7kgの半分以上を

洋服類		
	● デニム	400g前後
	● Tシャツ (半袖)	150g前後
	● Tシャツ (長袖)	200g前後
	● コットンシャツ (長袖)	300g前後
	● ロングスカート (夏用)	300g前後
	● ロングスカート (冬用)	500g前後
	● パーカー	600g前後
	● タンクトップ	100g前後
	● キャミソール	80g前後
	● インナー (アンダーウエア)	40g前後
	● インナー (ブラジャー)	100g前後
	● 水着	300g前後
	● 靴下	50g前後
	● 革製ベルト (金属のバックル付き)	200g前後
	● ハンカチ	30g前後
	● サンダル	400g前後
	● パンプス	700g前後
	● ビーチサンダル	100g前後
小物類	● 化粧ポーチ	500g前後
	● スマホ用充電ケーブル	30g前後
	● 海外用電源変換プラグ	200g前後
	● 旅行用ヘアケアセット (ミニボトル)	100g前後
	● 折りたたみ傘	100g前後

占めてしまうわけです。

　意外にバカにならないのが化粧ポーチ。どれだけの化粧品を持っていくかにもよりますが、アイテムを絞っても500g前後の重さになることは覚悟した方がいいでしょう。

TECHNIQUE 02

靴問題を
考える

　コンパクトな旅を目指すのであれば、靴はできるだけ持っていく数を少なくするのが一番いい。とはいえ、シャレたレストランに行くときなどはそれなりの靴が必要です。フラットシューズであってもフォーマルな印象で折りたためる靴が1足あると、旅行のときには助かります。

　そうした旅行向きの靴の代表格といえるのが、ロンドンで生まれた「バタフライツイスト」。私も持っていますが、この手の靴にありがちな「安っぽさ」がありません。ちゃんと木型に入れて立体的に成型・縫製してあります。

　専用ポーチ付きなので旅立つときにはスーツケースに放り込めばそれでOK。オシャレな場所でもどんとこいです。

甲部分のラメが可愛い「バタフライツイスト EVIE」。5940円(税込み)。

キルティングタイプの
「ISABELLA シルバー」。
6480円（税込み）。

　バリエーションが豊富なのも楽しい。色や柄はもちろん、ラウンドトゥ、ポイントトゥ、レインシューズタイプなど各種揃っているので、妥協なく靴選びができます。

　私が持っているのは一番シンプルな黒のバレエシューズ。使い回しが効くアイテムです。

　ロンドンには、「Cocorose」というポケッタブルシューズブランドもあります。こちらもガーリーなデザインからロンドンっぽいとんがったデザインまでラインナップが充実していますが、公式サイトから購入するか（海外発送あり）、BUYMAを使うなど個人輸入サイトを利用して購入するしかないのが残念です。

　ポケッタブルシューズはルームシューズとして使ったり、車の中に入れておいてドライビングシューズとして使ってもいい。マルチなアイテムの力を借りてスーツケースを軽くしましょう。

※このページに記載した商品価格は2019年3月現在の参考価格です。価格は変更になる場合がございます。詳しくはメーカーにお問い合わせください。

減るモノ、増えるモノを考えよう
空の靴箱のススメ

スーツケースに詰める荷物は、以下の3つに分かれます。

1. 増えたり減ったりしないもの
2. 旅行前には多く、旅行後には減るもの
3. 旅行前には少なく、旅行後には多くなるもの

1は、ガジェット類や化粧ポーチ、ネックピロー、ガイドブック、靴などです。

2は旅行中に消耗するモノ。化粧品の中身、ヘアケア用品、ティッシュ、医薬品。

3の代表格はお土産です。

荷物を詰めるときに大事なのは、この3を考慮しておくこと。とはいえ、ただお土産分のスペースを空けておくだけでは、移動中に荷物が動いてしまいます。そういう荷崩れ状態を回避したいなら、空けた

スペースに空の靴箱を詰めましょう。

　靴箱は日常生活の中で簡単に手に入る最強に丈夫な箱。隙間に詰めればもう詰めた荷物が旅の途中で動く心配はゼロです。

　現地に着いたら？　もちろん処分します。こんまりさんにならい、「おつとめご苦労さまでした」と感謝の言葉をかけてさよならします。処分せずに靴箱の中にお土産ものを詰めて持ち帰ってもいい。とにかく丈夫なのでちょっと壊れやすいモノや繊細な作りモノは洋服などでくるんだ上で(56ページ参照)、靴箱に入れておくとパーフェクト！

　割れ物をお土産に買って帰るつもりなら、空の靴箱の代わりにプチプチや緩衝材を詰めるのも手です。あるいは空の靴箱の中にプチプチを詰めてもいい。空の靴箱か緩衝材か。あるいはその両方か。便利なツールの力を借りて、荷崩れ防止につとめましょう。

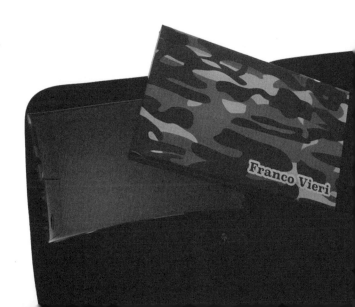

フタ側と底側、それぞれに適したモノがある!

　ハードタイプのスーツケースにはフタ側と底側があります。たまに空港で底側を開けている人を見かけますが、開けるときには必ずフタ側を上にして!

　では、どっちがフタ側でどっちが底側なのか。

　底側というのはハンドルが付いた方。ハンドルの分だけ底側の容積は減り、凹凸している方です。逆に、ハンドルがないフラットな方がフタ側です。

　まず、この底側、フタ側を理解すること。その上で大切なのが、底側・フタ側それぞれを上と下に分けて荷物を分類することです。底側の上部・底側の下部、フタ側の上部・フタ側の下部。この4つの特性を知った上で、適したモノを詰めておくと、すっきり詰まって、かつ中のモノが乱れにくくなります。

　基本的に、一番重たいモノは底側の下部に詰めましょう。その次に重いモノはフタ側の下部、次が底側の上部、最後がフタ側の上部となります。

> **底側下部 > フタ側下部 > 底側の上部 > フタ側の上部**

と考えてください。重たいものを下に入れて重心を安定させるのがポイントです。これを逆にしてしまうと、スーツケースを移動させている間に重たいモノがだんだん沈んできて荷崩れ必至。しかも走行しづらいです。

私の場合、4等分したスペースには以下のようにモノを分けて入れています。

> **＜底側下部＞**
> 本、化粧ポーチ、重さのあるガジェット類、傘、靴
> **＜フタ側下部＞**
> 洋服
> **＜底側上部＞**
> 洗濯用品（折り畳みできる手桶、洗剤、ロープなど）
> **＜フタ側上部＞**
> 下着、薬、アクセサリー

なお、ビン類などの割れやすいモノは、底側の中央よりもやや下部に入れておくと安心でおすすめです。ここが一番衝撃が伝わりにくい場所なのです。

パッキングで一番まずいのは、ランダムに入れてしまうこと。これでは入るモノも入らなくなります。どこに何を入れたら荷崩れしにくく、持ち運びやすくなるのかを考えてからいざパッキング！

TECHNIQUE 05

スーツケースの四隅を見逃すな

　効率的に荷物を収納するには、ちょっとしたスペースも見逃さないこと。空きがあると、中のモノが動きやすくなります。見た目も悪いし、何より中に入れたモノの性能・機能に影響を与える可能性が大。空きスペースは必ずつぶすのが鉄則です。

　すでにモノの中にモノを詰める方法（55ページ）や靴の空き箱利用法（140ページ）を紹介しましたが、四隅にも注目しましょう。というのも、スーツケースの四隅がムダになっていることが多いからです。

　四角四面のスーツケースにモノがぴったりとすきなく詰まるということはありません。どうしたって、コーナー部分に余白が生まれる。

　この余白はもったいないです。ぜひともムダなく活用しましょう。この四隅に入れるのにピッタリのアイテムは以下の通り。

1 ベルト

　旅先にも持っていきたいベルトがあったら、四隅にはわせてしまいましょう。ぐるぐる丸めて入れるよりも効果的。四隅をこれだけ活かせるアイテムはベルトのほかにはありません。

2 タオル

基本、私はバスタオルは持っていきませんが、フェイスタオルは別。遠方の旅に出かけるときには持っていくことも多いので、その場合にはタオルをくるくると丸めて、四隅に合わせて曲げて、詰めます。緩衝材として機能させるわけです。

3 文庫本

本は底側の下部に入れると先ほど述べましたが、文庫本はすきまにフィットしやすいので四隅に使えます。もし何冊か持っていくのであれば、四隅に使うことも考えてみて。

4 プチプチ

割れ物を持って帰りたい旅行の場合、私はプチプチを持参します。このプチプチこそ空きスペースを埋めるのにはピッタリ。もともとが緩衝材なので機能的に使えます。

Amazonで買い物をすると、中にプチプチをはじめ、いろいろなタイプの緩衝材が詰まってますよね。あれを取っておくと旅行のときに慌てずに済みます。

包材店やホームセンターに行けば売っていますが、わざわざ買うのはもったいない。パッキング用に少量確保しておきましょう。

5 ポケッタブルタイプのサブバッグ

折りたたむとポケットに入るぐらいの大きさになるナイロン製のボストンバッグ。これも四隅向け。どこにでも入れられますが、空きスペースがあったらそこに詰め込みましょう。

ただし、同じポケッタブルでも靴はNGです。四隅は衝撃を受けやすいので、形が崩れる恐れあり。いくらたためるタイプでもそれでは靴が可愛そう。靴は底側の下部が定位置です。

TECHNIQUE 06

ソフトとリュックの収納の違いを知る

　次にソフトタイプやリュックの収納方法のコツについてご紹介しましょう。

　ソフトタイプのスーツケースの場合、フタ側には入れるスペースはなく、モノを詰めるのはハンドルが付いている底側だけ。フタ側の役割は「フタ」のみです。

　収納スペースが一面だけなので、そのスペースを上部と下部に分けて荷物を詰めていきます。原則は以下の通り。

> 1. 重いモノは下部に（靴、本、重量のある服、傘など）
> 2. それ以外は上部に（洋服、下着、化粧ポーチなど）
> 3. 割れやすいモノ、繊細なモノは中央部に（ガジェット類、電気製品など）

　3で挙げた電気製品というのは、女子の場合でいえば美容家電類。そうした家電製品については、必ず洋服に包まれるような形で中央部に詰めること。これが大事。

　モノを詰める場所がひとつだけなので、ソフトケースはパッキングとしては非常に楽。ただし、雑になりやすくもあるので、収納が苦手な人は、パッキングオーガナイザーをうまく使って分けて収納することをおすすめします（152ページ）。

　リュックはどうでしょう。

　ハード・ソフトともに重たいモノは下に入れるのが鉄則と述べましたが、リュックは逆です。重いモノを下に入れてはダメ。重量があるモノが下にあると負荷がかかって背負うのがつらくなります。

　詰め方は、全体を「一番上」「背面に近い中間部」「外側の中間部」「一番下」の4つに分けて考えます。

> ① 軽い洋服や下着類は一番下に
> ② 取り出すことの多い書類や小物類、機内ではおるストール類などは一番上に
> ③ 一番重たいモノは背面に近い中間部に
> ④ 化粧ポーチや薬などは外側の中間部分に

　これならバランスも良いし、必要なモノも取り出しやすい。使い慣れるとアウトドア用のリュックは本当に使い勝手がいいです。

　LCCに乗る際に重量をチェックされづらいというメリットも（絶対ではないですが）。ひとつは持っておいて損はないです。

TECHNIQUE 07

洋服収納のメソッド **1**

圧縮袋は使わない

ここからはいよいよ詰め方の実践編に入ります。

まず宣言してしまうと、私はパッキングの必須アイテムとされている圧縮袋は使いません。これを言うと「え?」と言われることが多いのですが、私からすれば、使わなくても問題なし。

使うと時間と手間がかかるだけ。それだけの効果もそう感じません。以前は使うのが当たり前だと思っていましたが、いまはまったく使わなくなりました。

正直なところ、圧縮袋を使ったパッキングは面倒くさいと思いませんか? 圧縮袋のサイズに合わせてシワにならないように洋服をたたんで詰めるのは手間だし、空気を抜こうとすると意外にうまくいかない。旅の期待にわくわくしている旅立ち前ならともかく、これから帰国というときにまた同じような作業をしなければならないのは非常にわずらわしいです。

効果も案外持続しません。何回か使っているうちに圧縮効果が薄れてしまって、旅の途中でじわじわ膨らんでしまった、ということが何度もありました。買い換えれば済むともいえますが、圧縮袋を使ったところでスーツケースに詰められる洋服の量がいきなり倍増するわけでもない。要するに手間に見合うだけのメリットを感じないのです。

　かさばるアウターやセーターは、第1章で述べたように、身につけて移動すればいいだけのこと。スーツケースに洋服をうまく詰めるには圧縮袋が必須、という先入観をまずはずしてみる。そうすると、いきなり荷造りが楽に感じられるはずです。

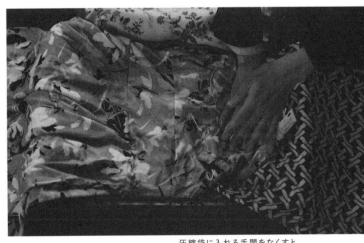

圧縮袋に入れる手間をなくすと、
パッキングの苦痛から解放される!?

洋服収納のメソッド ❷
機内持ち込みサイズのスーツケースに絶対推奨！ちまき方式

　機内持ち込みサイズのスーツケースに洋服を入れる場合には、ちまき方式で決まり。スーツケースのエース直伝の方法で、私もいろいろ試しましたが、これが一番合理的でした。

　さてそのやり方です。

　まず準備編として、衣類を丈の長いタイプ(A)と短いタイプ(B)に分けましょう。Aはワンピースやパンツ、スカート類、BはTシャツなどやカットソー類です。シャツやブラウスはここではAに分類します。

❶ スーツケースにAを1枚ずつ重ねる

　このとき、四方にはみ出すように1枚ごとに向きを変えて重ねること。パンツであれば足の部分をはみ出すように置き、その上に重ねるワンピースは裾の部分がパンツとは反対側にはみ出すように重ねます。右、左、上、下と4方向に洋服の裾やパンツの足の部分が出る形になります。

竹の葉を重ねて餡を包むちまきをイメージして作業しましょう。

② Aの洋服を重ね終えたら、今度はBの洋服を1枚ずつたたんで、2の中心部に置く

これがちまきの核になります。

③ 四方にはみだしている裾で3の核を包み込む

他の洋服を包み込むように中に入れていくのがポイントです。

④ 最終的にひとつのかたまりにまとめる

　できあがりはひとつのかたまりになります。これにより、スーツケースの中で動きにくくなり、シワもできないのです。

　なお、包み忘れた洋服があったら、くるくると丸めて、ちまきとは別に、スーツケースの隅に入れ込みましょう。

TECHNIQUE 07

洋服収納のメソッド ③

パズルのように オーガナイザーを組み合わせる

　容量の大きなスーツケースに洋服をパッキングするときには、専用のパッキングオーガナイザーの力を借りましょう。洋服や小物類をコンパクトに収納できるケースをパズルのように組み合わせます。

　オーガナイザーは大中小合わせて4000円前後のモノなら生地が丈夫で形もしっかりとしています。

　大のサイズには、パンツ、シャツ、ワンピースなどカットソー以外を入れましょう。

　以下、詰め方です。

イーグルクリークの「パックイットキューブ」には可愛い柄も増えています。

① オーガナイザーの短い方の辺（30cm前後）の長さに合わせて洋服をたたみ1枚ずつくるくると丸める

② 丸めた洋服をオーガナイザーに詰める

　長い辺（40cm前後）に合わせると幅が足りない服が出てきてしまい、中で洋服が動きやすいので、短い辺に合わせます。

　1枚ずつきれいにたたんで入れてももちろんOK。ただし、私の経験から言うと、たたむよりも丸めて入れた方が早い。けっこうな枚数を収納できる上に、洋服が動きにくくなります。

　Tシャツやカットソー、下着については、中もしくは小サイズのオーガナイザーを使って入れましょう。この場合、丸めてもいいし、ふつうにたたんでもいい。

　私のオススメは、大中小の3つがセットになったイーグルクリークの「パックイットキューブセット」。アウトドアブランドなので作りが丈夫。ファスナーの滑りもいいし、大中小の3つセットで3564円（税込み）はコスパ抜群です。MILESTOのパッキングオーガナイザーも可愛さとクオリティを兼ね備えています（65ページ）。

※このページに記載した商品価格は2019年3月現在の参考価格です。価格は変更になる場合がございます。詳しくはメーカーにお問い合わせください。

洋服収納のメソッド ❹
ジャケットをきれいに収める必殺技

　私は自他ともに認める不器用な人間なので、動画を見てそのやり方を真似をしたり、再現することがとことん苦手です。

　そんな私でも簡単にマスターできたジャケットのたたみ方を紹介しましょう。

1. ジャケットを両手で持つ（背中部分を奥に持つ）
2. 一方の袖を肩までぐっと裏返す
3. 2で裏返した袖の内側に、もう一方の袖を裏返しにせずに表向きのまま入れる
4. 襟を立てて伸ばし、表面同士を重ねる
5. 前身頃も重ね合わせる
6. 2つにたたむ

型崩れを防ぐためには、肩の部分にTシャツや靴下、下着などをクッション代わりにして入れると効果的ですが、1〜6の手順だけで済ませてもとくに問題はなし。たたんだら、150ページのちまきの核にする、もしくはオーガナイザーの中に入れてしまいます。この方法は本当に楽チンで効果的です。私でもできたということは誰でも使える方法です。

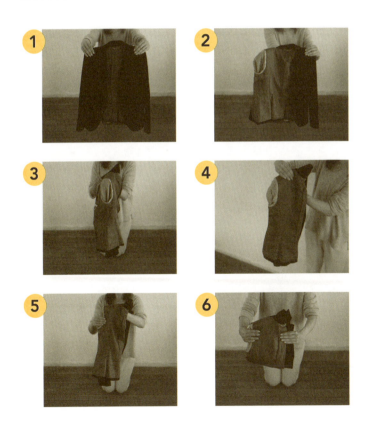

TECHNIQUE 08

小物収納のメソッド **1**

おおまかなカテゴリーごとにポーチに詰める

　小物収納は、細かすぎる分類にすると中身がわかりづらくなるので要注意。

- **1** 化粧品
- **2** ヘアケア用品、洗面用品
- **3** 薬
- **4** アクセサリー
- **5** 洗濯用品
- **6** デジタルガジェット

　これぐらいでじゅうぶん。収納するポーチやケースは、自分の中でルールを設けましょう。私は、薬は赤十字マーク付きポーチに、デジタル用品は黒いポーチを利用しています。おおまかに、かつわかりやすく分けるのがコツ。

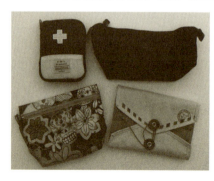

TECHNIQUE 08

小物収納のメソッド❷

アクセサリーは どう詰める？

　アクセサリーは小さくて繊細なので、きめ細かな収納方法が必要になってきます。

　収納方法としては以下の3つが考えられます。

1 個別に袋に入れる

　100円ショップの透明の袋にひとつずつ入れる方法です。袋に入れたら、最後にすべてを大きめの袋に入れることをお忘れなく。ネックレスやペンダントは、チェーンを少し袋の口から出してから閉じてみて。からまりません。

2 ピルケースに入れる

　100円ショップや無印良品で手に入ります。半透明の箱の中に細かく仕切りが設けられているプラスチックの箱です。短所は大き目のアクセサリーが入らないこと。サイズを選ぶ収納方法です。

③ アクセサリー専用のポーチを使う

1も2も実践してきた私がいま利用しているのはこの方法。香港の雑貨店「HOMELESS nordic room」で購入したアクセサリーケースを愛用しています。

値段は約3000円。大きさに応じてポケットを使い分けられます。

いま心惹かれているのが、富士パックス販売の「ジュエリーポーチ＆トレイ」(税込み5400円)。内部はカバーと小さめのポーチの二重構造。ペンダントのチェーンを出してスナップで留める機能がいい。外側ポーチのスナップを留めればジュエリートレイになるのもホテルでは便利です。

小物収納のメソッド ❸
液体物の
カンペキ収納術

　スキンケア化粧品をミニボトルに入れ替える方法は、私はパス。理由は以下の通り。

- 詰め替え作業が面倒くさい
- 詰め替え用ミニボトルは殺風景で味気なくてつまらない
- 残ったときにまた詰め替え直すのがわずらわしい

　自分が楽にできる方法に頼っています。それはトライアルキットを利用すること。私にとって、旅行は新しい化粧品ブランドを試す良い機会。旅行が近づくたびに異なるブランドのサンプルを注文して準備を怠りません。

　化粧品を購入するとよく付いてくるパウチタイプを利用するのも手です。お試し用のパウチをもらったら旅行のためにストックしてくと、いざというとき助かります。

　ただし、1週間以上の長い旅行の場合、それだけの数を揃えるのが難しい。3日、4日の旅行向きでしょうか。

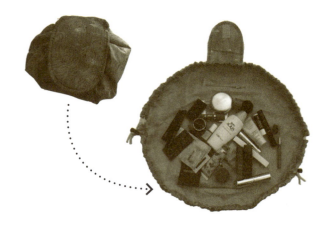

　トライアルキットやパウチタイプを持っていくことのメリットは、使ったら現地で捨てて帰れること。荷物がそれだけ軽くなります。

　持っていく化粧品が決まったら、あとは何に入れるか。私が使っているのは、巾着型の化粧ポーチ。これはまさにズボラさん向きです。

　紐をゆるめて巾着を開くと大きな円形になるので、そこに化粧品を入れるだけ。整然と並べて入れる必要もなければ、きれいに立てて入れる必要もなし。ただそこに化粧品を詰めてひもをギュッと絞るだけ。

　収納時も便利ですが、使うときも何がどこにあるのかひと目でわかって便利です。モノを探す手間がいらないし、生地が防水性なので濡れても安心だし、外に漏れる心配もない。

　ただし問題がひとつ。広げると場所を取ります。このポーチの場合、紐を絞ると17cm×6cmのサイズですが、広げると直径50cmほどあります。

　難点はあっても、収納の簡単さでいうととんでもなく楽。おおざっぱで細かい作業が苦手という人の救世主かもしれません。

小物収納のメソッド ❹
旅行に適した化粧品の選び方・詰め方

　化粧品やヘアケア類など、スーツケースの中にはたくさんの液体物が詰まっています。

　でも、フタをきちんと締めたはずなのに、なぜか少し漏れてしまった。派手に漏れてはいないけれど、容器がベタベタしている。そうした経験はありませんか。

　移動中に受ける衝撃が容器のフタをゆるくしたり、ときには破損させてしまうのです。完全未開封の液体物であれば、フタがはずれたりずれたりすることはないので漏れることはないけれど、いったん開封したらもうアウト。かなりの確率で液漏れは避けられません。

　このトラブルを解消するために私がいま実践しているのが、容器の口の部分にラップをかませてからフタをする方法です。ラップは1枚で構いません。フタに合うようにわざわざ形を整える必要もありません。口を覆うのにじゅうぶんな大きさを確保したらカットして、口とフタの間にはさんでフタを閉める。その上でジップロックに入れれば、もう万全です。これで液漏れや容器のベタベタ問題はすっかり解決しました。ジャータイプの容器もこの方法でことたります。ラップの威

力ってすばらしい。

　もしこれだけでは心配という人は、ラップをもっとぐるぐる巻きにして輪ゴムで留めるという方法もあり。ただし、私は1枚だけはさんで済ませています。ラップさえずれていなければ問題なしです。

　気をつけたいのが、このラップがすぐにどこかに行ってしまうこと。ホテルでラップを取り外したら必ず保管しておきましょう。できれば、100円ショップなどで手に入る小さな透明袋を用意しておき、その中に入れておくと後で慌てずにすみます。

　帰りに荷物をまとめるときには、忘れずこのラップを取り出して、液体物の口にかませましょう。ちょっとしたアイデアですが、効果はバツグン。液漏れ、液だれのいやーな気分から解放されます。

ラップをかませるほんの一手間があなたを液漏れ問題から救います

小物収納のメソッド 5

カミソリ・爪やすり対策を考える

　眉用のカミソリは機内に持ち込めるかと思いますか？ それとも刃物だから禁止アイテムになると思いますか？

　私は過去2回ほど、バンコクの空港で眉用カミソリを没収されたことがあります。

　そこで、カミソリ対策について考えてみました。

　結論からいうと、刃がむきだしになっているモノは避けた方がいい。カバーがかかっていたとしても「持ち込み不可」とされる可能性が高いです。

　機内に持ち込むのであれば、おりたたんで刃先が収納できるタイプか、T字型カミソリにしましょう。

　爪やすりについても同様のことがいえます。実は、同じバンコクの空港で金属製の爪やすりを取り上げられた経験があるのです。そこでいまは、ガラス製の爪やすりを利用し、機内に持ち込んでいます。形は金属製と同じですが、付属カバーをかけておいたのも奏功したのかもしれません。

小物収納のメソッド ❻
ネックピローを
持っていくなら

　これまでいろいろなネックピローを試してきました。空気で膨らませるタイプ、ビーズタイプ、低反発タイプ。「運命のネックピロー探し」を続けて十数年。昨年、ついに見つけました。

　アメリカ生まれのネックピロー「タートルピロー」(税込み2758円)です。フリース素材の枕(というか布)内部に設けられたプラスチック製のフリッパーがあごや肩にフィットして、自然な角度で首を支えてくれる構造です。

　ちょっとうとうとすると首が少しだけ横に傾きますよね。そのときの自然な傾きをずっと維持してくれるギプスのようなホールド性の高いネックピローなのです。27ページに着用時の写真を入れています。

　左右の首のどちらにでも付けられて、マジックテープで長さを調整できるので、どんな人の顎や首に

イーグルクリークの「2IN1 トラベルピロー」。2通りの使い方ができて感触もいい。2376円(税込み)。

もフィットするはず。しかも軽い。重さはたった150gでコンパクト。表地のフリースは取り外しができるので洗濯もできる。類似品も試しましたが、フリッパーの造りがぜんぜん違う。買うなら本家！

　これでようやくネックピロー難民にもさようなら。と思いながらも、他のネックピローにも魅力を感じています。

　それはイーグルクリークの「2IN1 トラベルピロー」。ジッパーに収納された生地を取り出して、逆さまに中身(ビーズ)を移すと長方形のピローにもU字型のネックピローにも変身するツーウェイピローです。枕がちょっとあるといいな、という場面で役に立ちそう。

　なお、ネックピローはスーツケースに入れてはダメ。首にかける、もしくは手に持つこと。チェックインカウンターでとがめられることはないし、機内で使い忘れることもありません。

※このページに記載した商品価格は2019年3月現在の参考価格です。価格は変更になる場合がございます。詳しくはメーカーにお問い合わせください。

小物収納のメソッド 7
スプレー缶に要注意

　カミソリや爪やすりのほかにもうひとつ、機内に持ち込む場合に注意した方がいいのがスプレー缶です。

　この場合のスプレー缶とは、エアゾール缶を指します。

　液体を噴霧させるスプレーボトルは100ミリリットルという持ち込みの制限容量を守り、ジップロックのような透明袋に入れておけば無問題です。

　機内に持ち込めるスプレー缶は、身体や身だしなみのために使用するモノや、清涼・芳香・洗浄、消臭、除菌効果のある嗜好品として使うモノ。要するに、

- ヘアスプレー
- 育毛剤スプレー
- 日焼け止めスプレー
- 消毒・清涼・冷却スプレー
- 制汗剤
- 芳香・消臭・除菌・シワ取りスプレー（身体用、衣料・室内用）
- 消炎鎮痛剤スプレー
- 虫除けスプレー
- 虫刺され・かゆみ止めスプレー
- 殺菌・消毒スプレー
- シェービングフォーム

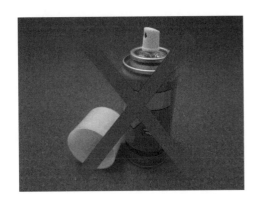

持ち込めないのは、以下の「日用品やスポーツ用品のスプレー缶」。

- **防水スプレー**
- **殺虫剤**
- **静電気防止スプレー**
- **スプレーのり**
- **塗料スプレー**
- **ガラスクリーナー**
- **カーペットクリーナー**
- **スキー、スノボ用WAXなどのスプレー**

持ち込めるタイプのスプレー缶の容量制限を調べてみると、国土交通省の規定では「液体物には、「液体」に加え「ジェル類」及び「エアゾール（煙霧質）」が含まれ、半液体状物（容器に入れないとその形状を保てない物）も量的制限の対象となる」とあります。

つまり、スプレー缶の機内持ち込みの容量制限は100ミリリットル。なお、スプレー缶も161ページで紹介したように、フタと口との間にラップをはさみ、その上でジップロックに入れると安心です。

巻末付録 1

そのまま使える！パッキングリスト

	アイテム名	アドバイス	国内旅行	アジア週末旅行	5日～1週間旅行	10日間旅行
貴重品	パスポート（ビザ）	これがなくては始まらない。事前に有効期限を要チェック。ビザ必要国なら取得を忘れないで	★★★	★★★	★★★	★★★
	パスポートのコピー	念のために1枚は持参	★★★	★★★	★★★	★★★
	クレジットカード	命綱。VISAかマスターが一番実用的	★★★	★★★	★★★	★★★
	航空券（Eチケット）	Eチケットもできればプリントアウトしたい	★★★	★★★	★★★	★★★
	現金（円・ドルかユーロ）	日本で両替していいのはドルとユーロだけ。あとは現地で両替を	★★★	★★★	★★★	★★★
	証明写真4.5×3.5cm 2枚	いざというときにあると重宝	★★★	★★★	★★★	★★★
かばん類	スーツケース	日程に応じた大きさを	★★★ ロッカーサイズ	★★★ 機内持ち込みサイズ	★★★ 55～75リットルサイズ	★★★ 70リットル以上のサイズ
	サブバッグ	荷物が増えそうなら持参。ポケッタブルタイプが便利	★★	★★	★★★	★★★
	スーツケースベルト	つけると目印に	★	★	★	★
	ネームタグ	つけると目印に	★	★	★	★
	スーツケースカバー	派手に目立たせたいならぜひ	★	★	★	★
	SPAバッグ	温泉やSPAに行くなら持っていこう	★★	★★	★	★
洋服・下着・服飾雑貨	洋服	組み合わせを考えて持参	★★★	★★★	★★★	★★★
	下着	洗濯するなら枚数少なく	★★★	★★★	★★★	★★★
	靴下	防寒対策なら必須	★	★	★★	★★
	寝巻き	スポーツウエアがおすすめ	★★★	★★★	★★★	★★★
	水着・ラッシュガード	泳ぐならぜひ	★	★★	★★	★★
	ストール	1枚あると重宝	★★	★★	★★	★★
	着圧ソックス	機内でのむくみ予防に	★★	★★	★★	★★
	歩きやすい靴	足が痛いと旅がつらくなる。歩きやすさ最優先で	★★★	★★★	★★★	★★★
	フォーマルな靴	必要があれば持参	★	★	★★	★★
	ビーチサンダル	スリッパ替わりにもなる。応用範囲が広いスグレモノ	★★★	★★★	★★★	★★★
	傘	雨が多い国での必需品。軽いモノを選ぼう	★★★	★★★	★★★	★★★
	ポケッタブルレインコート	あれば便利。フード付きパーカーも重宝	★★★	★★★	★★★	★★★
	帽子	できればおりたためるタイプを	★	★★	★★	★★
	サングラス	ビーチや砂漠、暑い地方なら持参したい	★	★★	★★	★★
	手袋	手が汚れそうな場所に行くなら持ち込みたい	★	★	★	★
	ネックウォーマー	寒い地域なら持っていこう	★	-	★	★
	イヤーマフ	寒い地域なら持っていこう	★	-	★	★
日用品	ネックピロー	機内での快眠を手助け	★★★	★★★	★★★	★★★
	目薬	乾く機内の必需品	★★★	★★★	★★★	★★★
	ウエットティッシュ	ないと困る。絶対持参したい	★★★	★★★	★★★	★★★
	ポケットティッシュ	日本製のクオリティは最高。必ず持参を	★★★	★★★	★★★	★★★
	マスク	日本製のクオリティは最高。必ず持参を	★★★	★★★	★★★	★★★
	耳栓	音にうるさい人はどうぞ	★	★	★	★
	リップクリーム	乾く機内の必需品				

旅先で「あれがあればよかった！」と後悔しないための持ち物チェックリストを、旅の目的別、アイテム別にまとめました。
ひと言アドバイスを参考に、ぜひご活用ください。

★の見方 ★★★…必須　★★…できれば持参　★…あれば便利

2週間旅行	ビーチリゾート	都市の街歩き	遺跡巡り	砂漠の旅	サファリ	スキー旅行	南極旅行	✓
★★★	★★★	★★★	★★★	★★★	★★★	★★★	★★★	
★★★	★★★	★★★	★★★	★★★	★★★	★★★	★★★	
★★★	★★★	★★★	★★★	★★★	★★★	★★★	★★★	
★★★	★★★	★★★	★★★	★★★	★★★	★★★	★★★	
★★★	★★★	★★★	★★★	★★★	★★★	★★★	★★★	
★★★	★★★	★★★	★★★	★★★	★★★	★★★	★★★	
★★★ 80リットル以上のサイズ	★★★ 機内持ち込みサイズ	★★★ 機内持ち込みサイズ	★★★ 70リットル以上のサイズ	★★★ 80リットル以上のサイズ	★★★ 80リットル以上のサイズ	★★★ 70リットル以上のサイズ	★★★ 80リットル以上のサイズ	
★★★	★★	★★	★★★	★★★	★★★	★★	★★★	
★	★	★	★	★	★	★	★	
★	★	★	★	★	★	★	★	
★	★	★	★	★	★	★	★	
★	★★	★	★	★	★	★	★	
★★★	★★★	★★★	★★★	★★★	★★★	★★★	★★★	
★★★	★★★	★★★	★★★	★★★	★★★	★★★ 吸湿性・速乾性の高い下着	★★★ 化繊かシルクの下着	
★★	★★	★★	★★	★★	★★	★★★	★★★	
★★★	★★★	★★★	★★★	★★★	★★★	★★★ 厚手の靴下	★★★ ウールか綿の靴下	
★★	★★	★★	★★	-	-	-	-	
★★	★★	★★	★★	★★	★★	★★	★★	
★★	★★	★★	★★	★★	★★	★★	★★	
★★★	★★★	★★★	★★★	★★★	★★★	★★★	★★★	
★★	★★	★★	★	★	★	★	★	
★★★	★★★	★★★	★★★	★★★	★★★	★★★	★★★	
★★★	★★★	★★★	★★★	★★★	★★★	★★★	★★★	
★★	★★★	★★	★★★	★★★	★★★	★★★	★★★	
★★	★★★	★★	★★★	★★★	★★★	★★★	★★★	
★	★	★	★★★	★★★	★★★	★★★	★★★	
★	-	★	★	★	★	★★★	★★★	
★	-	★	★	★	★	★★★	★★★	
★★★	★★★	★★★	★★★	★★★	★★★	★★★	★★★	
★★★	★★★	★★★	★★★	★★★	★★★	★★★	★★★	
★★★	★★★	★★★	★★★	★★★	★★★	★★★	★★★	
★★★	★★★	★★★	★★★	★★★	★★★	★★★	★★★	
★★★	★★★	★★★	★★★	★★★	★★★	★★★	★★★	
★	★	★	★	★	★	★	★	
★	★	★	★★★	★	★	★	★★★	

分類	アイテム名	アドバイス	国内旅行	アジア週末旅行	5日〜1週間旅行	10日間旅行
日用品	綿棒	2、3本でいいので持参しよう	★	★	★	★
日用品	虫除けスプレーor携帯用蚊取り	蚊が多い場所の必須アイテム	★	★★★	★	★
日用品	ハッカ油	虫刺され跡、気分転換、芳香剤など用途多彩	★	★	★	★
日用品	ハンドクリーム	乾燥地域の必須アイテム	★	★	★	★
日用品	マッサージオイル	長めの旅行には持っていきたい	★	★	★	★
日用品	フットレスト	侮れない効果あり	★	★	★	★
日用品	爪切り道具	1週間以上の旅行だと必須	★	★	★★	★★★
日用品	耳ケア用品	1週間以上の旅行だと必須	★	★	★★	★★★
日用品	プラスチック製カトラリー	1週間以上の旅行だと必須	★	★	★	★★★
日用品	保温ボトル	寒い国では心も体も温まる	-	-	-	-
日用品	デオドラントシート	暑い国に行く方、汗かきさんはぜひ	★	★★	★	★
日用品	小型懐中電灯	遺跡や辺境で必要なら	-	-	-	-
日用品	携帯用ウォシュレット	なくてもいいけど、あるとやはり快適	★	★	★	★
日用品	ホッカイロ	寒い地域なら持っていこう	-	-	-	-
日用品	筆記具	入国の際の書類記入には必須	★★★	★★★	★★★	★★★
日用品	ノート・メモ帳	紙に思い出をとどめよう	★★	★★	★★	★★
洗面道具	歯ブラシ	ホテルにもついているけど好みのタイプを持参	★★★	★★★	★★★	★★★
洗面道具	歯磨き	なくてもOK	★	★	★	★
洗面道具	携帯用コップ	小さく折り畳めるモノを推奨	★	★	★	★
洗面道具	リステリン	持っていくならミニボトルを	★	★	★	★
洗面道具	石けん	石けん派はぜひ。キューブ型・スティック型・紙石けん型からお好みのモノを	★	★	★	★★
洗面道具	入浴剤	長めの旅行でバスタブありのホテルなら持参したい	-	★	★	★★
洗濯用品	洗剤	硬水対応のモノがおすすめ	★	★	★★★	★★★
洗濯用品	折りたたみ式手桶	シリコン製の折り畳める手桶がひとつあると何かと便利	★	★	★★★	★★★
洗濯用品	ロープ&ハンガー	旅先で洗濯をするなら必需品	★	★	★★★	★★★
化粧品&ヘアケア用品	日焼け止め	紫外線は地球規模。暑い国でも寒い国でも持っていきたい	★★★	★★★	★★★	★★★
化粧品&ヘアケア用品	基礎化粧品	女子の必需品	★★★	★★★	★★★	★★★
化粧品&ヘアケア用品	メイクアップ化粧品	お好みのモノをセレクト	★★★	★★★	★★★	★★★
化粧品&ヘアケア用品	シャンプー&コンディショナー	コンディショナーはないホテルが多いのでぜひ	★★★	★★★	★★★	★★★
化粧品&ヘアケア用品	ヘアパック	どうしてもという方はどうぞ	★	★	★	★
化粧品&ヘアケア用品	オイルミスト	1本あると髪に◎。体にも便利に使える	★	★	★	★
化粧品&ヘアケア用品	保湿クリーム	乾燥する場所に行くなら必須アイテム	★	★	★	★
薬	基本的な薬一式	頭痛薬・胃腸薬・風邪薬・絆創膏・軟膏程度でOK	★★★	★★★	★★★	★★★
薬	体温計	軽いので1本はぜひ	★★★	★★★	★★★	★★★
デジタルデバイス	スマホ	スマホのない旅行なんて。旅の必需品	★★★	★★★	★★★	★★★
デジタルデバイス	スマホ用防水ケース	雨や砂、水からスマホを守ろう	★	★	★	★
デジタルデバイス	バッテリー	バッテリー切れは死んだも当然。絶対不可欠	★★★	★★★	★★★	★★★
デジタルデバイス	延長コード	ひとつあるとデバイス類を自在に使える	★	★	★	★
デジタルデバイス	電源変換プラグ	いらない国もあるけど、とりあえずマルチタイプをひとつ用意	★★★	★★★	★★★	★★★
デジタルデバイス	一眼レフカメラ	サファリならデジタルなら絶対不可欠	★	★	★	★
デジタルデバイス	双眼鏡	デジタルじゃないけどこのカテゴリーに。サファリの必須アイテム	-	-	-	-
その他	ポカリスエットの粉末	スポーツドリンクは日本ほど手に入らない。これがあるとのどがうるおう	★	★	★	★★
その他	のど飴&のどケア商品	乾燥する場所の救世主	★	★	★	★

2週間旅行	ビーチリゾート	都市の街歩き	遺跡巡り	砂漠の旅	サファリ	スキー旅行	南極旅行	✓
★	★	★	★	★★	★★	★	★	
★	★★★	★	★	★★★	★★★	★	★	
★	★	★	★	★	★	★	★	
★	★	★	★	★★★	★★★	★★★	★★★	
★	★	★	★	★	★	★	★	
★	★	★	★	★	★	★	★	
★★★	★	★	★	★	★	★	★	
★★★	★	★	★	★	★	★	★	
★★★	★	★	★	★	★	★	★	
-	-	-	★	★	★★★	★★★	★★★	
★	★★	★	★	★	★	★	★	
-	-	-	★★	-	-	-	-	
★	★	★	★	★	★	★	★	
-	-	-	-	-	-	★★★	★★★	
★★★	★★★	★★★	★★★	★★★	★★★	★★★	★★★	
★★	★★	★★	★★	★★	★★	★★	★★	
★★★	★★★	★★★	★★★	★★★	★★★	★★★	★★★	
★	★	★	★	★	★	★	★	
★	★	★	★	★	★	★	★	
★	★	★	★	★	★	★	★	
★★	★	★	★	★	★	★	★	
★★	★	★	★	★★★	★★★	★★★	★★★	
★★★	★	★★★	★★★	★★★	★★★	★★★	★	
★★★	★	★★★	★★★	★★★	★★★	★★★	★	
★★★	★	★★★	★★★	★★★	★★★	★★★	★	
★★★	★★★ 超強力な日焼け止め	★★★	★★★	★★★ 超強力な日焼け止め	★★★ 超強力な日焼け止め	★★★ 超強力な日焼け止め	★★★ 超強力な日焼け止め	
★★★	★★★	★★★	★★★	★★★	★★★	★★★	★★★	
★★★	★★★	★★★	★★★	★★★	★★★	★★★	★★★	
★	★	★	★★	★★	★★	★★	★★	
★	★	★	★★	★★	★★	★★	★★	
★	★	★	★★★	★★★	★★★	★★★	★★★	
★★★	★★★	★★★	★★★	★★★	★★★	★★★	★★★	
★★★	★★★	★★★	★★★	★★★	★★★	★★★	★★★	
★	★★★	★	★★★	★★★	★★★	★★★	★★★	
★★★	★★★	★★★	★★★	★★★	★★★	★★★	★★★	
★	★	★	★	★	★	★	★	
★★★	★★★	★★★	★★★	★★★	★★★	★★★	★★★	
★	★	★	★	★	★	★	★★★	
-	-	-	★★	★★	★★★	-	★★★	
★★	★	★	★	★	★	★	★	
★	★	★	★★★	★★★	★★★	★★	★★★	

巻末付録 2

旅の収納が楽しくなる！
お役立ち店舗リスト

トラベル用アイテムは、どこで買ったらいいか悩むもの。
旅行グッズ専門店からネットショップまで、おすすめのお店をご紹介します。

東急ハンズ

オリジナルのスーツケースを始め、オシャレ系、機能系など、人気の高い最新スーツケースのラインナップが豊富。旅行用小物も充実しているので、旅行用品を購入する先としては一押し。渋谷店、銀座店がおすすめ。

渋谷店
東京都渋谷区宇田川町12-18
TEL03-5489-5111／10:00～21:00　無休
銀座店
東京都中央区銀座2丁目2-14 マロニエゲート銀座1
TEL03-3538-0109／10:00～21:00　無休
東急ハンズネットストア　https://hands.net/

ロフト

センスの良い気の利いたスーツケースや旅行用品がずらり。可愛い小物も充実しています。おすすめは渋谷店。ネットショップものぞいてみて。

渋谷ロフト
東京都渋谷区宇田川町21-1
TEL03-3462-3807／10:00～21:00　無休
ロフトネットストア　https://loft.omni7.jp/top

新宿ハルクトラベル

百貨店で一番旅行用品が充実しているのはここかも。靴やアウトドア用品売場と同じフロアなのも便利。

東京都新宿区西新宿1-1-3
TEL03-3342-1111／10:00～20:00　無休

モンベル東京京橋店

日本のアウトドア総合メーカー、モンベルのリュックやアウトドアウエア、旅行用品がずらりと勢揃い。東京京橋店は都内最大級。一見の価値あり。

東京都中央区京橋3丁目1番1 東京スクエアガーデン1&2F
TEL03-6214-1861／11:00～21:00

MILESTO

大人可愛い旅行用品を探すならぜひ訪れたいのがMILESTO。おすすめは有楽町マルイ店と渋谷ヒカリエ店。成田空港第1ターミナルにも店舗あり。

有楽町マルイ店
東京都千代田区有楽町2丁目7-1
TEL03-6269-9930／11:00〜21:00（日祝10:30〜20:30）
渋谷ヒカリエ店
東京都渋谷区渋谷2-21-1　4F
TEL03-6434-1530／10:00〜21:00
公式サイト　https://idea-onlineshop.jp/MILESTO/

A&Fカントリー　成田空港

イーグルクリークを始め、海外の機能的なアウトドア商品からトラベル商品までをセレクトしたショップ。アウトドアアイテムは旅行に使えます！

成田空港第1旅客ターミナル内 中央ビル4F
TEL0476-32-7058／8:00〜20:00　不定休

ネットショップ　天空百貨店

　文具、タオル、雑貨、バッグなど、旅のわくわくとした高揚感を感じさせてくれるアイテムや旅行グッズを探すときに私がまず訪れるのはこちらのショップ。センスの良い飛行機柄、エアメール柄が揃っていて、オリジナルアイテムも充実しています。店主のchloeさんがドイツやチェコ、アメリカなど海外に直接足を運んで仕入れているアイテムはどれも可愛い。スーツケースや手帳をカスタマイズできるステッカーやシールも豊富です。

　仕入れも兼ねて年に8回ほど海外旅行をしているChloeさんに旅支度のコツを聞いてみると、「ふだんから旅で使いやすいかどうかを基準に買い物をしています。旅で使い勝手が良いモノは日常生活でも便利に使えますよ。スーツケースに、現地のスーパーに買物に行くときに使えるエコバッグなど、利用シーンが多いモノはいつも入れておくと、収納の手間が省けますね。

　ちなみに旅先で使うモノについては、1回限りで使用するモノ以外は基本的に丈夫で軽量できちんとした形のモノを選んでいるとか。繰り返し使うなら結局はその方が失敗がないからとのこと。同感です。

　天空百貨店のオススメはいろいろありますが、オリジナルの「測量野帳」は表紙がしっかりとしていてメモを取りやすい。飛行機柄で気分が上がります。オリジナルのマスキングテープやステッカー、スタンプなども旅行好きは要チェック。

http://tenkuu-departmentstore.com/

（左）旅好きのハートを直撃するオリジナルのお茶缶。2160円（税込み）。
（右）出発、到着、乗り継ぎのスタンプセット。手帳やカレンダーに押せば気分が上がる。972円（税込み）。

あとがき

　旅のためだけの収納術の本があってもいい。旅行に特化した収納術や便利アイテムだけの本があったら私も読みたい。旅行に旅支度はつきものなんだから、その旅支度が少しでも楽しくなるような本を作ってみたらどうだろう。

　そんな発想からスタートした書籍完成までの道のりがようやくゴールに近づきました。構想３年、走り出してからは約半年。多少のしんどさはありましたが、楽しい楽しい「旅」でした。

　旅は十人十色。旅行の数だけ収納のあり方、考え方、やり方があると思います。それぞれの旅のパターンに、この本が少しでもお役に立てたらこんなにうれしいことはありません。

　知らない場所を訪れると思わぬ発見、意外な喜び、望外な楽しさが得られます。それは絶対に日々の生活の糧になる。だからみなさん、もっともっと旅に出かけましょう。世界平和の第一歩。私もがんがん出かけます。

　最後になりましたが、書籍完成までの「旅」に伴走していただいたフリー編集者の相澤洋美さんと山崎理佳さん、それから辰巳出版の企画開発編集本部・湯浅勝也さんにこの場を借りて心から感謝申し上げます。ありがとうございました。

　では皆様。Have a nice trip!

2019年３月22日　三田村蕗子

協力一覧
(50音順)
＊(　)内はブランド名

アジア・ラゲージ株式会社（ディパーチャー他）
東京都足立区谷中1-15-2／TEL 03-3629-8138
http://asialuggage.asia
http://store.asialuggage.asia

株式会社イデアインターナショナル（ミレスト）
東京都港区芝5-13-18　いちご三田ビル3階／TEL 03-5446-9530
https://idea-in.com

株式会社エイアンドエフ（イーグルクリーク）
東京都新宿区新宿6-27-56　新宿スクエア／TEL 03-3209-7575
https://www.eaglecreek.jp

エース株式会社（プロテカ、ハント他）
東京都渋谷区神宮前1-4-16　神宮前M-SQUARE／TEL 03-5843-0606
https://www.ace.jp
https://store.ace.jp

エンドー鞄株式会社（フリクエンター）
兵庫県豊岡市元町10-2／TEL 0796-22-7156
http://endokaban.jp
http://www.bagworld.co.jp

カメイ・プロアクト株式会社（バタフライツイスト）
東京都港区虎ノ門3-18-19虎ノ門マリンビル5F／03-6450-1515
http://www.butterflytwists.jp
https://www.butterflytwists-onlineshop.jp

株式会社シフレ（ユーラシアトランク）
埼玉県越谷市西方2605／TEL 048-940-2683
http://www.siffler.com
http://www.siffler-store.com

株式会社トリオ（イノベーター）
兵庫県豊岡市九日市上町454-5／TEL 0796-22-7656
http://www.trio1971.com/innovator_info/index.html

株式会社ネクストワンスポーツプロダクト（ZÜCA）
東京都台東区台東3-43-10 佐藤ビル503号／TEL 03-5807-6511
https://www.zuca-jp.com
http://www.zucastore-jp.com

Herschel Supply SHIBUYA（ハーシェルサプライ）
東京都渋谷区神宮前6-18-11／TEL.03-6427-1250
https://herschel.jp

富士パックス販売株式会社（ジュエリーポーチ＆トレイ）
愛知県名古屋市昭和区恵方町1-26／TEL 052-883-1321
http://www.fujipacks.co.jp

株式会社プレスマン（クラッシュバゲージ）
東京都中央区東日本橋2-15-4　PMO東日本橋2F／TEL 03-5825-7170
https://crashbaggage.jp

ルーベリカ
東京都港区六本木5-11-25 ハーストーリィ内5階／TEL 03-6447-4997
https://ruberica.stores.jp

旅行が200％楽しくなる！
スーツケース収納術
How to Pack for Travel

2019年3月25日　初版第1刷発行

著　者　　三田村路子

発行者　　廣瀬和二

発行所　　辰巳出版株式会社
　　　　　〒160-0022
　　　　　東京都新宿区新宿2丁目15番14号　辰巳ビル
　　　　　TEL　03-5360-8960（編集部）
　　　　　TEL　03-5360-8064（販売部）
　　　　　FAX　03-5360-8951（販売部）
　　　　　振替　00180-0-705733
　　　　　URL　http://www.TG-NET.co.jp

印刷・製本　　大日本印刷株式会社

本書の無断複写複製（コピー）は、著作権法上での例外を除き、著作者、出版社の権利侵害となります。
乱丁・落丁はお取り替えいたします。小社販売部までご連絡ください。

©TATSUMI　PUBLISHING CO.,LTD.2019
Printed in Japan
ISBN　978-4-7778-2250-8　C0026

STAFF

デザイン	吉村朋子
撮影・DTP	山崎理佳
イラスト	星野杏奈
編集・進行管理	相澤洋美
企画・進行	廣瀬和二
	湯浅勝也
	高橋栄造
	説田綾乃
	永沢真琴
販売部担当	杉野友昭
	西牧孝
	木村俊介
販売部	辻野純一
	薗田幸浩
	亀井紀久正
	平田俊也
	鈴木将仁
営業部	平島実
	荒牧義人
広報宣伝室	遠藤あけ美
	高野実加
メディア・プロモーション	
	保坂陽介

FAX：03-5360-8052
Mail:info@TG-NET.co.jp